人なし金なし時間なしに活路！

中小企業の営業代行サービス活用術

鈴木 徹 著

セルバ出版

はじめに

本書は、売上を伸ばしたい、新規顧客を獲得したい、営業活動を効率的に行いたいなどの営業課題を持っていて、その解決策として「営業代行サービス」の活用を検討している経営者や営業部門の責任者の方を対象としています。営業代行サービスとはどのようなものなのか、営業代行サービスで失敗しないためにはどうすればよいのか、営業代行サービスを活用して大きな成果をあげるためには何をすればよいのかをお伝えします。

営業代行サービスをまだ活用したことがなく、どのようなサービスなのかを知りたいという方には導入を判断する材料となるように、今まで営業代行サービスを活用したことがあり残念ながらうまくいかなかったという方には、どうしてうまくいかなかったのか、次はどうすればうまくいくのかの具体策を考えていただけるようにしていきたいと思います。

本書では、大きく分けて2種類の営業代行サービスを取り扱っていきます。1つはアプローチの営業代行サービス、もう1つは商談まで行う営業代行サービスです。そして、アプローチの営業代行サービスについては、電話営業と問い合わせフォーム送信の2つの代表的な手段について取り上げます。

第1章と第2章では、営業代行サービスの定義やその種類、それぞれのメリット・デメリットなどについて触れていきます。

そして、第3章では営業代行サービス活用における失敗事例を、第4章では営業代行サービス活用における成功事例を紹介していきます。前述のように営業代行サービスはいくつかの種類があるのですが、失敗事例や成功事例にはその種類によらず共通して当てはまる失敗要因や成功要因があることが特徴です。

第5章と第6章では、営業代行サービス提供企業の選定方法や営業代行サービス活用を行うにあたってどのような準備をしたらよいのかについて取り上げていきます。営業代行サービス提供企業は数多く存在しますが、それをどのような視点で見ると自社に合った提供企業が選定できるのか、そして事前にどのような準備を行うと営業代行サービスを活用した新規顧客の獲得に成功できるのかについて記述をしていきます。

2021年の時点で「営業代行サービス」が市場に登場してから15年~20年の年月が経っていますが、いまだにサービスについての明確な定義がなく、多くの営業代行サービス提供企業が様々な形態でサービスを提供しています。

本書はその曖昧な定義を必要以上に明確にしようとするものではなく、現在広く認知されている営業代行サービスの共通認識を基にして、営業代行サービスを実践的に活用できるようにしていきます。本書が営業代行サービスの導入検討を行う皆さまにとって、何らかの助けとなれば幸いです。

2021年8月

鈴木　徹

人なし金なし時間なしに活路！　中小企業の営業代行サービス活用術　目次

第3章　営業代行サービス活用における典型的な6つの失敗事例

第4章 営業代行サービス活用から大きな成果をあげた5つの成功要因

第5章 営業代行サービス提供企業選びのポイント

第6章　営業代行サービスを依頼する前に準備すること

第1章

営業代行サービスとは何か？

1　営業代行サービスとは何か

営業代行サービスの定義

本書のテーマである「営業代行サービス」とはどのようなサービスなのでしょうか？　実は、営業代行サービスを２０２１年時点で約15年に渡って提供している私たち株式会社アイランド・ブレインでも、その明確な定義は今でもあまりわかっていません。

しかし、今や多くの企業が「営業代行サービス」を活用し、そのメリットを享受し成果を出すことに成功しています。

明確な定義は曖昧でも、市場の中では1つのサービスとしてある程度は認知され、営業代行サービスとはこのようなものだという共通認識は存在しています。

現在の営業代行サービスの共通認識については、次の3点で表現をすることができます。

A．営業代行サービス提供企業は、営業代行サービス利用企業のために何かしらの能動的かつアナログ的な営業手段による営業活動を実施する。

B．受注などの最終的成果ではなく、営業活動におけるどこかのプロセスに対して業務費用が発生する。

C．営業代行サービスは主にＢ to Ｂの新規顧客の獲得を目的として活用される。

アプローチを代行するか、商談まで代行するかのどちらか

営業代行サービスとは、提供企業がアプローチの代行をして商談を提供するか、その商談までも代行するかのどちらかのサービスということができます。

アプローチの代行において、その代表的なものは「電話営業」を代行してアポイントを獲得するサービスです。電話営業を代行する際にメール送信や資料送付などを組み合わせるようなタイプもありますが、大きな分類ではこちらも電話営業を代行するサービスの一種になります。

また、２０２1年時点では電話営業と共に代表的な手段となりつつあるのが「問い合わせフォーム送信」を代行するサービスです。新型コロナウイルス感染拡大の影響によりＢ to Ｂの営業環境に大きな変化が起き、問い合わせフォーム送信を営業手段として採用する企業がかつてないスピードで増えています。

本書では、アプローチの営業代行サービスの代表的な手段として、電話営業と問い合わせフォーム送信の2つを取り上げていきます。これらの手段によって獲得される新規商談は、利用企業が提供企業から引き継いで行うことになります。

商談までの代行とは、アプローチによって獲得された商談を利用企業ではなく引き続き提供企業が行う形です。

商談まで行う営業代行サービスの中にも、初回商談までを代行し2回目の商談から利用企業に引き継がれるものや、受注の獲得まで提供企業が行い、その後のサービス提供や顧客フォローの段階

から利用企業に引き継がれるものもあります。

デジタル的な営業活動の支援は営業代行サービスとは呼ばれていない

営業代行サービスの共通認識Aに、「何かしらの能動的かつアナログ的な営業手段による営業活動を実施する」と記載をしました。前述の「電話営業」や「商談の実施」がその具体的なアナログの営業手段にあたりますが、デジタル的な営業活動の支援については慣例的に営業代行サービスとは呼ばれていません。

Google や Yahoo! のリスティング広告、各種SNS広告などのインターネット広告の運用を代行するサービスは多くの企業が活用していますが、これらは利用企業のインターネット上の営業活動を提供企業が代行しているものの、一般的には営業代行サービスとは呼ばれておらず、「インターネット広告の運用代行」として認識されています。

なぜこのようなデジタル的な営業活動を支援するサービスが営業代行サービスと呼ばれないのかは私たちもよくわかっていませんが、「営業活動とはアナログ的な手段で行われる活動のことを指している」という考えを多くの人が持っていて、デジタル的な営業手段は従来の「営業活動」ではなく、それとは別の手段であるという認識をされているからではないかと思います。

インターネット広告の運用代行において、実際に行われる実務はアナログ的な要素が多いことも事実としてあるのですが、利用企業側から見るとデジタル的な支援ということになるため、営業代行サービスとは呼ばれないのではないかと考えられます。

どこで費用が発生するのか？

営業代行サービスには様々な料金体系があります。初期費用の有無、成果報酬型や固定報酬型、月額費用の有無、利用企業が受注をしたときに提供企業へ支払うインセンティブなどです。それぞれの提供企業がそれらを組み合わせた料金体系を打ち出しています。

料金体系には様々なパターンがあるのですが、営業代行サービスの共通認識Ｂにもあるように、それぞれの料金体系に共通することは、最終的な受注に対してではなく営業活動のどこかのプロセスにおいて業務費用が発生する、ということです。

利用企業が営業代行サービスを上手に活用することにおいて、この点は基本的ではありますが、とても重要なことになります。利用企業が得る最終的な受注に対してではなく、それまでのプロセスにおいて費用が発生するということは、利用企業は受注による収益を得るより前に提供企業に業務費用を支払うことになります。よって、営業代行サービスは先行投資であるということになります。

そのようなことは当たり前のことであると感じられると思いますが、営業代行サービス活用の失敗事例において最も多いパターンの１つが、利用企業は営業代行サービスを依頼した瞬間に売上が上がったと思ってしまうというものがあります。

しかし、機械設備の導入や業務ソフトウェアの開発など、他の分野でも先行投資と呼ばれるものは数多くありますが、先行投資をした瞬間に効果や収益を得られることが確定している、などということがないことは容易に想像をしていただけると思います。

もちろん先行投資を受けた提供企業側が成果を出すために全力を尽くさなければいけないことは間違いないのですが、利用企業側にも先行投資からの費用対効果を最大化するために行うべきこと、行ったほうがよいことが数多く発生します（営業代行サービス活用の失敗事例は第3章、成功事例は第4章で述べています。早期に営業代行サービスの活用を検討したい方、もうすでに営業代行サービスを活用したことがあり、営業代行サービスの概要をご存知の方は、第1章、第2章を読まずに第3章・第4章に進んでいただいても構いません）。

営業代行サービスは主にB to Bの領域で活用される

営業代行サービスの共通認識Cで触れたように、営業代行サービスは主にB to B（企業を対象に製品・サービスを提供している）の領域において活用されます。B to C（個人を対象に製品・サービスを提供している）の領域でも、営業代行サービスの活用がなされていることも一部においてありますが、B to Bの領域に比べるとその量は限定的です。

B to Cで代表的なものが、飲食・アパレル・スーパーマーケットなどの来店型のビジネスですが、営業代行サービスは共通認識Aにもあるように能動的な営業活動を行ういわゆるプッシュ型の営業活動を支援するサービスであるため、来店型のビジネスへの支援は通常は営業代行サービスの対象外とされています。

飲食業の中には、企業に対して宴会や歓送迎会などでお店を利用してもらうための法人向けの営業活動を行う部門をもつ企業もあり、このような部門が営業代行サービスを活用することはありますが、これは飲食業の中にあるBtoBの部門が活用していることになります。

他のBtoCで代表的なものは、個人向けにインターネット上で製品・サービスを販売しているサービスです。こちらは営業代行サービスの共通認識Aでも触れたように、Webサイトやインターネット広告などのデジタル的な営業活動を行うことが主な領域であり、この領域でデジタル的な営業活動を支援する企業は多数存在しますが、営業代行サービスと呼ばれない領域になります。

個人向けの電話営業を代行したり、一般宅への飛び込み訪問を代行するようなサービスもあるにはありますが、現在は個人情報保護の観点から個人向けの電話番号の入手が困難であったり、インターネット関連サービスの発達によって特にBtoCの領域はアナログ的な営業手段からデジタル的な営業手段への移行がほぼ完了していたりすることからも、BtoCの領域での営業代行サービスの活用は限定的となっています。

逆にBtoBの領域で営業代行サービスが活用される理由としては、電話営業の場合は企業の電話番号は引き続きインターネット上で多くが公開されているため入手することが容易であること、問い合わせフォーム送信についても多くの企業がWebサイト上に設置していること、BtoBの領域では高額かつ内容が複雑な製品・サービスも多く、インターネット上の情報だけでは導入可否の判断ができないため人による詳細な説明を必要とすることが多いこと、そもそもインターネット上で公開されていない製品・サービスやインターネット上で探しても辿り着けない製品・サービスが、自社にとって有益であるということがまだまだ十分あり得ることなどがあげられます。

営業代行サービスは主に新規顧客の獲得を目的に活用される

私たちは2021年時点で約15年に渡って営業代行サービスを提供し、通算で約2500社のお客様に導入していただいていますが、利用をしていただいているお客様の目的は「新規顧客の獲得」がほぼ100％です。新規顧客の獲得以外を目的として営業代行サービスを活用していただいたお客様もあるかもしれませんが、かなり珍しい事例となります。

一般的に企業が取りうる経営戦略は次の3つに分類することができます。それは、成長するか（成長戦略）、現在の業容を維持するか（維持・継続戦略）、なくしていくか（出口戦略）です。また、どのような企業でも現在の既存顧客はそのまま何もしなければ自然に減少していくとされています。こちら側が現在の製品・サービス提供を継続する意思があったとしても、お客様側が競合他社からの営業活動を受けてそちらに乗り換えたり、後継者不足の問題などから事業の継続を断念したり、他の企業グループに吸収されてしまったりなどということもあります。

皆さまもご存知の通り、2021年時点で日本国内は人口減少の局面に入っているということもあり、「何もしなければ既存のお客様は自然と減少していく」ということに対して、リアルに実感が沸くという人も増えていると思います。

そのため先ほどの３つの経営戦略のうち、成長戦略を取ろうということであれば、既存のお客様が減少するスピードよりも速いスピードで新規顧客の獲得に力を入れなければいけません（もちろんそれに合わせて既存のお客様からの発注量や発注額を増やすための努力も行われますが、その取り組みも通常は簡単ではありません）。

成長戦略を取ろうとするのであれば、新規顧客の獲得が必要なことはわかりやすいのですが、２つ目の維持・継続戦略を取る企業も既存顧客は自然に減っていくということを考えると、新規顧客の獲得が必要になります。実は、営業代行サービスを活用する企業の多くが、その企業が自ら意識しているかどうかは別としてですが、この維持・継続戦略を取っている企業となります。会社を大きく成長させたいというわけではないが、将来のことを考えると新規顧客の獲得を行っておきたいということになります。

営業代行サービスを活用していただくと、新規顧客の獲得に付随して副次的な効果が発生することも多くあります。新規の商談が増えて営業トークが上手になった、新規商談に必要な商談資料やパンフレットを整えることができた、手付かずだったＷｅｂサイトの作成や更新を行うことができた、新しいお客様ができて社内の雰囲気がよくなった、営業担当者の負担が減って離職率が下がった、などが副次的な効果例としてあげられます。

これらの副次的な効果が発生していることはお客様からもよく伺いますが、すべては新規顧客の獲得を主目的とした営業代行サービスの活用から生まれてくるものになります。

2　類似するサービスとの違いは

営業代理店との違いは

　ここでは営業代行サービスの理解を深めていただくために、他の類似するサービスとの比較を行っていきたいと思います。

　まずは「営業代理店」（以下単に代理店）との違いです。代理店という制度は営業代行サービスが生まれるずっと前からあります。言葉の通りメーカーがつくる製品・サービスの営業活動を代理して行い、商談から受注だけでなくその後のサービス提供まで行うことも一般的です。

　営業代行サービスと代理店の大きな違いは費用が発生するタイミングです。前述のように営業代行サービスは受注に至るまでのどこかのプロセスに対して業務費用が発生するのに対し、代理店は受注となったときに初めてメーカーから代理店にマージンが支払われます。それまでにかかる人件費や諸経費は代理店側が負担することになります。

　営業代行サービスを行っていると、「代理店を行ってもらうことはできないか？」「受注をしたときの完全成功報酬にできないか＝代理店を行ってもらうことはできないか？」という打診を相当数受けることになります。条件が揃えば代理店業務まで踏み込んで行うという提供企業もありますが数は少なく、多くの提供企業は代理店業務までは行いません。

代理店制度は、利用企業側から見ると先行投資のリスクがなくてよい制度のように思えます。しかし、メーカーとして代理店制度を敷いて代理店に一生懸命活動をしてもらうためには、圧倒的な製品・サービスの力が必要です。代理店側は人件費や諸経費を先に負担しても後で大きな利益がある、この製品・サービスは必ず売れると思うことができなければ代理店活動に先行投資して一生懸命に営業活動を行うことができません。

多くの利用企業はこのような圧倒的な製品・サービス力を持っているわけではなく、通常は有効な代理店制度を敷くことの難易度はかなり高いものになります。

それに対し、プロセスに対して費用が発生する営業代行サービスの場合は、提供企業側も動きやすくなります。代理店制度を敷くには製品・サービス力は弱い、しかし新規顧客の獲得のためには外部の営業リソースが必要である、そのような企業にとって営業代行サービスは有効なサービスと言うことができます。

営業派遣との違いは

類似するもう1つのサービスに「営業派遣」があります。営業派遣は人材派遣サービスの中で営業分野の人材を派遣するもので、営業代行サービスの少し前に生まれたサービスとされています。

営業派遣はその名の通り、人材派遣会社から営業活動を行う人材を派遣してもらい、その人材に営業活動に従事してもらうサービスですが、営業代行サービスとの違いは管理監督の権限が提供企業側ではなく利用企業側にあるということです。

管理監督の権限が利用企業側にあるので、営業派遣を上手に活用するためには、利用企業内に十分な営業活動に関するノウハウやマネジメント能力があることが求められます。

営業派遣を頼んだのだから、営業のプロが来てくれてこちらは何もしなくても勝手に売上があがるだろうと考えてサービスを利用したりすると、実際にはそのようなサービスではないことがすぐにわかります。派遣された人材に対して自社の製品・サービスや業界について教育し、商談のやり方を教え、モチベーション管理を含めたマネジメント業務を利用企業側が行わなければなりません。

自社でこのような営業ノウハウやマネジメント能力がない企業は、上手に営業派遣を活用することができません。そこで、管理監督の権限が利用企業側ではなく提供企業側にある営業代行サービスの有効性が出てくることになります。

セールスレップとは

代理店や営業派遣ほどではないですが、セールスレップという言葉も使われることがあります。セールスレップとは、セールス・レプレゼンタティブ（Sales Representative）の略で、この英語の最も近い日本語訳が「営業代行」であるとされています。

セールスレップという制度は欧米で生まれたものですが、実際の現地の一般的なセールスレップ

〔図表1　営業代行サービス・営業代理店・営業派遣の比較〕

	営業代行サービス	営業代理店	営業派遣
契約形態	業務委託契約	代理店契約	派遣契約
費用形態	プロセスに対する業務費用	受注時のマージン	派遣単価（通常は時間給）
管理監督権限	提供企業側	提供企業側	利用企業側
特徴	・営業代理店を構築できるような製品・サービス力がなくても依頼できる。 ・利用企業側が管理監督を行う必要がない。	・受注が発生するまで利用企業側は費用が発生しない。 ・代理店を引き付けておけるだけの圧倒的な製品・サービス力が要求される。	・利用企業の営業活動を専任で行う人を確保できる。 ・管理監督を行う必要があるため自社内に営業ノウハウやマネジメント能力を必要とする。

は「複数商材を扱う営業代理店」という言葉が最も近い表現になります。特にアメリカなど国土が広く、メーカーの製品・サービスの販売網をすべての地域にメーカーが自前で持つことができないことから、古くから確立されてきた仕組みとされています。

セールスレップの直訳は営業代行とされることが多いですが、実際のセールスレップは現在日本で認識されている営業代行サービスとは少し異なるものにはなります。しかし、実務上はこのような細かい違いが問題にされることはなく、セールスレップという言葉を主に使う人であっても前述のA～Cの共通認識のもとで、営業代行サービスについての会話は滞りなく進んでいきます。

営業代行サービス・営業代理店・営業派遣の比較

図表1は、営業代行サービス・営業代理店・営業派遣の比較したものです。大手企業など圧倒的な製品・サービス力を持つ企業は代理店制度の構築が可能ですし、自社で営業ノウハウやマネジメント能力を持つ企業は営業派遣を使いこなすことができます。

しかし、そのどちらも持たない多くの企業にとっては、営業代行サービスが最も有効かつ現実的な手段となります。

3　営業代行サービスはいつからあるのか？

現在の営業代行サービスは2000年代前半から

営業代行サービスは2021年現在広く市場で認知されていますが、営業代行サービスはいつからあるのでしょうか？

私たち自身も営業代行サービスを提供している提供企業ではありますが、自らが仕事をしている業界について厳密で正確な事実認識があるわけではありませんので、ここはあくまでも一般的なものとして捉えていただければと思います。

営業代行サービスと呼ばれるサービスはおおむね2000年代前半に発生したサービスです。営業派遣は1990年代から、営業代理店はそれよりもかなり前から存在していますが、営業代行サービスは類似するサービスの中でも新しいサービスと言うことができます。

営業代行サービスの発展や認知拡大は2000年代後半から起こっていると考えられますが、営業代行サービスは独立独歩で発展したサービスではありません。同期時に社会に急速に広まったものにインターネット関連サービスがあります。営業代行サービスの発展はインターネット関連サービスの拡大と深く関係しています。

主にIT関連サービスの発展と共に育ったサービス

２０００年代はインターネットの発展期で、東京の都心部を中心としてIT関連サービス企業が数多く誕生しました。これらの企業は、社会からも投資家からも短期間で急速なサービス拡大や多くの収益をあげることを強く期待されました。

IT関連サービス企業の創業者や経営陣には技術者の方も多く、高度な知識や経験を活かして技術開発やサービス開発を行っていきましたが、そのバックボーンからも営業活動が苦手な方も多くいました（正確に言うと苦手意識を持つ方が多くいました。苦手意識があっても実際に営業活動を行うと、他の人よりもはるかに上手に営業活動ができる人は数多く存在します）。

また、仮に自社で営業活動がある程度できたとしても、同じビジネス領域で多くのライバル企業がしのぎを削っていますので、営業活動のさらなるスピードアップが必要でした。そこで注目をされたのが営業代行サービスです。インターネット関連サービスを開発・提供はしていませんが、高度な営業技術を提供できるという企業が、インターネット関連企業から多くの営業代行サービスの発注を受けて発展していきました。

多くのインターネット関連企業は自社内の営業ノウハウやマネジメント能力が乏しかったため営業派遣を活用することができず、業務費を支払う形の営業代行サービスのほうが、代理店制度を構築するよりも時間がかからずスピード速く営業活動に着手できたことも、営業代行サービスが採用される理由となりました。

現在も営業代行サービス提供企業の多くは、利用企業の30％～50％がＩＴ関連企業であることが多く、営業代行サービスが発生したときから現在に至るまでＩＴ関連企業と親和性がとても高いサービスになります。

4　どのような企業が営業代行サービスを活用しているのか？

社長1人の企業から大企業まで幅広く活用

営業代行サービスは現在どのような企業が活用しているのでしょうか？　まずは企業規模から見ていきましょう。

図表2は、私たち株式会社アイランド・ブレインを活用していただいている利用企業の社員数別の割合を示したものになります（もちろん提供企業ごとに違いはあると考えられます）。図表2から、営業代行サービス利用企業の全体の80％以上は50名以下の企業となっていて、さらには全体の50％以上を10名以下の企業で占めているという結果となりました。

図表2に記載のある割合は、日本全体の企業の規模別の割合にも類似しています。社長1人の企業から大企業に至るまで、それぞれの規模の企業がその割合の通りに幅広く営業代行サービスを活用している、営業代行サービスを活用するということに対しては企業規模によって差があるわけではないということができると考えられます。

〔図表２　営業代行サービス利用企業の社員数(当社調べ)〕

社員数規模	割合
1名～10名	53.2%
11名～50名	31.1%
51名～100名	6.7%
101名～300名	4.6%
301名～1,000名	2.2%
1,001名～	2.2%

〔図表３　営業代行サービス利用企業の業種・業界(当社調べ)〕

業種・業界	割合
IT関連業（ソフトウェア開発・Web関連サービス　等）	30.6%
専門工事業（電気工事・空調工事・建築塗装　等）	22.2%
人材サービス業（人材派遣・人材派遣・外国人技能実習生　等）	16.2%
専門コンサルティング業（経営コンサル・人事コンサル　等）	7.5%
広告・プロモーション・販売促進支援業	6.2%
製造業（各種金属部品加工業・工作機械製造業・食品製造業　等）	4.8%
士業（税理士・社会保険労務士・行政書士　等）	3.8%
その他	8.7%

営業代行サービスを活用している業種・業界

図表3は、私たち株式会社アイランド・ブレインの利用企業の業種・業界別の割合となります。前述の営業代行サービスの成り立ちのところでも触れたとおり、やはり私たちもIT関連業の割合が最も多くなってはいますが、直近5年はその割合は減少傾向にあり、逆に専門工事業や人材サービス業の割合が増加傾向にあります。

営業代行サービスはIT関連業と共に育ったサービスと述べましたが、より広い意味で捉えるとそのときの社会情勢を反映するような業種・業界の伸び率が高くなります。専門工事業は2008年に起こったリーマンショックの後から営業代行サービスの活用が増えていった業種で、下請け仕事を中心に行っていた多くの専門工事業がリーマンショックで苦しみ、その下請け構造を脱却したいと考えて営業代行サービスを活用しました。

そして近年では、地球温暖化対策からのCO_2削減を目的とした再生可能エネルギー関連や省エネ関連の事業に携わる専門工事業からの活用例が増えています。

人材サービス業も営業代行サービスとは長年にわたり密接に関わっている業種なのですが、近年の活用数の伸びに関しては外国人技能実習生制度や特定技能制度による人材支援をする企業の営業代行サービス活用例が急速に増えています。

こちらも、日本国内で働く人が減少し、外国人を積極的に受け入れていくという国の施策・社会情勢を強く反映した動きとなります。

〔図表4　営業代行サービス利用企業のエリア分布(当社調べ)〕

地域	割合	大都市とそれ以外との割合	
北海道・東北	1.3%		
関東・甲信越	45.4%	東京都	73.9%
		東京都以外	26.1%
東海・北陸	35.5%	愛知県	81.5%
		愛知県以外	18.5%
関西	15.0%	大阪府	73.1%
		大阪府以外	26.9%
中国	0.9%		
四国	0.2%		
九州・沖縄	1.7%		

大都市圏の企業が多く活用

図表4は、私たち株式会社アイランド・ブレインの利用企業のエリアの分布を示しています。全国各地に利用企業は広まっていますが、やはり関東圏・東海圏・関西圏の大都市圏に多くの利用企業が集中しています（私たち株式会社アイランド・ブレインが名古屋本社の企業ということがあり東海地方の利用企業の割合が多くなっています。東京本社の提供企業であれば関東圏の割合が多くなり、大阪本社の提供企業であれば関西圏の割合が多くなると考えられます）。

関東・甲信越地方、東海・北陸地方、関西地方の中でもさらに東京都とそれ以外、愛知県とそれ以外、大阪府とそれ以外でそれぞれの割合を出してみると、東京都（特に23区）・愛知県（特に名古屋市）・大阪府（特に大阪市）の割合が70％～80％を占めており、東京都・愛知県・大阪府に利用企業が集中していることがわかります。

大都市圏にある企業は、自社の商圏内に多くのターゲット企業が存在するため、新規開拓営業を積極的に行いやすい環境があるためと考えられます。

もちろん大都市圏から離れた企業の営業代行サービス活用事例も数多くありますが、その場合でもターゲットエリアは大都市圏に設定されることが多く、以前は遠方に出張対応して複数件まとめて訪問するような営業スタイルが一般的でした。

しかし、２０２０年からは新型コロナウイルスの影響からリモート商談が広まったことにより、訪問しなくても有効な商談ができる環境が急速に整いました。これにより、大都市圏から離れた企業でも効率よく営業活動を行うことができるようになり、今後は営業代行サービス活用のエリア格差も徐々になくなっていくかもしれません。

5　形あるものでなければ売れないのか？

「形あるものでなければ売れない」と多くの人が考えている

営業代行サービスを検討している企業からいただく代表的な質問として、「弊社のサービスは形がない（無形商材）ので、営業代行サービスの実施が難しいのではないか？」というものがあります。

それに対する答えは「営業代行サービスを活用している企業は、無形商材を扱う企業が圧倒的に多くなっている」ということになります。私たち株式会社アイランド・ブレインも、90％以上は無形商材に対して営業代行サービスを行っています。

卵が先かニワトリが先かという話になりますが、無形商材だからこそ営業代行サービスが必要となるとも言えますし、営業代行サービスは無形商材の営業支援に向いていると言うこともできます。

数十年前までは、形があるもの（有形商材）でもほぼすべてが対面営業によって販売されていたと考えられます。そこには営業を専任とする担当者が多く配置され、ヒット商品が出たり繁忙期になったりすると営業のリソース不足になり（当時は営業代行サービスという考え方はなかったと思いますが）、営業活動を他の誰かに手伝ってほしいと考える人もいたかもしれません。

しかし現在は、有形商材の多くはインターネット上で販売されています。自動車や不動産などの高額商品は別としても、企業活動や個人生活において私たちが普段日常的に使っている有形商材の多くは営業担当者を介さずに購入しています。そして、そのような商品を提供する側は、かつては営業担当者を数多く配置していたことに変わり、インターネット上のマーケティングやプロモーションを行う担当者を増やすことに力を入れています。

前述にもあるように、営業代行サービスはアナログ的な営業リソースを提供するサービスですので、現在多くの有形商材が必要とするインターネット上のプロモーションは営業代行サービスの領域外となり、無形商材に対して活用されることが主流となっています。

有形商材・無形商材と価格との関連性

有形商材・無形商材について、もう少し深く考えてみたいと思います。前述のように、有形商材はインターネット上のプロモーションが主流で、営業代行サービスの活用が少ないと述べましたが、もう少し正確にいうと「形がありかつ価格が決まっているもの」はインターネット上のプロモーションが主流であるということになります。

図表5は有形商材・無形商材ならびに価格との関連性を示したものです。左上の領域は形があり価格が決まっている領域で多くの物販がこちらに当てはまり、こちらがまさしくインターネット上のプロモーションが主流になります。

左下の領域は、形はあるが価格が決まっていないという領域になります。「形があるのに価格が決まっていないということがあるのか?」と思われるかもしれませんが、そのようなケースは数多くあり、代表的なものは金属関連や機械関連などの製造業による加工製品がこれにあたります。製品には確かに形がありますが、その価格は生産されるロット数や要求される精度、材料の原価などによって変動します。その価格決定には、知識や経験を持った営業担当者が発注先との交渉にあたることになります。

右上の領域は、形はないが価格は決まっているという領域になります。この領域の代表的なものは、ソフトウェアのパッケージ製品です(パッケージ化されたソフトウェアを「形があるもの」と表現される人もいますが、ソフトウェアは形あるものとして手に取ることはできないので、ここでは無形商材に分類しています）。価格は決まっているのですが、形がないため、ユーザーはその使い方や導入効果を簡単に想像・想定することができません。単価数万円のものであればインターネット上の説明だけで購入を決めることもありますが、数百万円や数千万円のパッケージ製品となってきますと、営業担当者のアナログ的な詳細説明やデモンストレーションを受けることによって、どのメーカーの製品を導入するのかを判断することになります。

右下の領域は、形がなく価格も決まっていないという領域です。多くの提案型やソリューション型のサービス、各種専門工事業が提供する職人的な技術、パッケージ製品ではないソフトウェア開発やＷｅｂサイト制作、デザイン制作、税理士や弁護士などの士業による専門サービスなど、数多くのサービスがこの領域に分類できます。

これらのサービスの特徴は、まずインターネット上に自社のサービスをわかりやすく掲載することがとても難しくなります。形があれば写真を載せることができますし、形がなくても価格が決まっていれば金額を掲載することができますが、この領域のサービスはそのどちらも行うことができません。よってこの領域の企業の特徴は、自社のサービスの話を聞きたいと言ってくれる見込み客の獲得に苦戦することが多くなります。

また、見込み客との商談の場においても形を見せることもできなければ価格も決まっていないので、通常は高度なアナログ的な営業技術が要求されることになります。さらに受注金額が高額のサービスとなってくると、その業界の大ベテランという人でなければ有効な商談ができないというよう

〔図表5　有形商材・無形商材と価格の関連性〕

	有形商材	無形商材
価格が決まっている	多くの物販	ソフトウェアのパッケージ製品 月額定額制のクラウドサービス　等
価格が決まっていない	製造業の加工製品 販売促進用品　等	提案型・ソリューション型サービス 専門職による技術提供サービス　等

な業界も存在します。

なぜ営業代行サービスを必要とするのか？

図表5にあるように、営業代行サービス利用企業は左下・右上・右下の３つの領域に位置する企業になります。無形商材であれば価格が決まっているかいないかに関わらず、有形商材であっても価格が決まっていない場合は、営業代行サービス活用が有効となる可能性があります。

この３つの領域の製品・サービスは、営業担当者の高度かつ専門的な営業技術を必要とします。そして日本のような成熟した市場では、その領域で要求される専門性はさらに高まっていきます。営業担当者は成果を出すためにさらに多くのことを学習しなければならず、そのような高度な仕事ができる人を採用したり教育したりすることも難しくなっていきます。

そこで出てくる考え方が、高度で専門的な仕事を要求される営業担当者の負担を軽くするために、営業活動を分業化することによって効率化をすることができないかというものです。

営業代行サービスを活用して部分的に営業リソースを外部から強化し、自社の営業担当者の活動領域を専門的な箇所に限定し、苦手な業務や非効率な業務はアウトソーシングすることで限られた人材リソースを有効に活用できるようになります。

6　第1章まとめ

２０２１年の時点において、営業代行サービスの明確な定義はいまだに確立されていないと考えられますが、市場に存在している営業代行サービスに対しての共通認識については、次の3点で表現されます。

A．営業代行サービス提供企業は、営業代行サービス利用企業のために何かしらの能動的かつアナログ的な営業手段による営業活動を実施する。

B．受注などの最終的成果ではなく、営業活動におけるどこかのプロセスに対して業務費用が発生する。

C．営業代行サービスは主にＢ to Ｂの新規顧客の獲得を目的として活用される。

営業代行サービスは、営業代理店や営業派遣と類似するサービスということができますが、代理店制度構築に必要な圧倒的な製品・サービス力や、営業派遣を活用するために必要な営業ノウハウやマネジメント能力がなくても活用することができます。

営業代行サービスは２０００年代前半に生まれ、当時の大きな成長産業であったＩＴ関連企業と共に発展したサービスですが、２０００年代後半から２０１０年代に入るとリーマンショック、東日本大震災、地球温暖化対策からのCO_2削減、人口減少からの外国人受け入れ増加など、その時々の社会情勢を反映しつつ活用する業種・業界は増加・変化していき、2021年の時点では様々な業種・業界から活用されているサービスになります。

営業代行サービスは、社長1人の企業から大企業に至るまで幅広い規模の企業に活用されていきます。どのような規模の企業であっても、成長戦略もしくは維持・継続戦略を取る企業であれば新規顧客の獲得を必要とし、自社のリソースだけでは十分な新規開拓営業ができない、あるいは営業代行サービスを活用して新規顧客の獲得をより加速させたい、などの理由から営業代行サービスを活用しています。

営業代行サービスの利用企業は、関東圏・東海圏・関西圏の都心部に7割以上が集中しています。これは、新規開拓営業を行うにあたって対象となる企業が自社の商圏内に数多く確保できることが理由であると考えられますが、2020年に発生した新型コロナウイルスの影響で、リモート商談の活用が広まったことによってエリアの概念が大きく変化しました。今後は地方に拠点を置く企業でも、積極的に日本全国に営業活動を行うところが増える可能性も考えられます。

営業代行サービスは無形商材や価格が決まっていない製品・サービスの新規開拓営業に向いています。有形商材かつ価格が決まっている製品・サービスの販売促進に対しては、インターネット広告やSEO対策などのデジタル的な営業手段活用が圧倒的な優勢となりましたが、他の領域においてはまだまだその有効性を発揮しています。

第2章

営業代行サービスの種類とメリット・デメリット

1　アプローチの営業代行サービス

アプローチの代行をするだけなのに「営業代行サービス」

第1章の営業代行サービスの定義で、営業代行サービスとはアプローチの代行をするか、商談までの代行をするかのどちらかと記載をしました。この章では営業代行サービスの種類とそのメリット・デメリットを詳しく見ていきたいと思います。まずは、アプローチの営業代行サービスについてです。

図表6はB to Bにおける一般的な営業活動の流れを表したものになります。新規顧客の獲得を実現するまでのプロセスとして、初期アプローチ・商談・契約の3つで表現をしています。そして、アプローチの営業代行サービスはまさしく初期アプローチの部分を提供企業が行い、利用企業に商談を提供していくサービスになります。

私たち株式会社アイランド・ブレインもアプローチの営業代行サービスを行っているのですが、アプローチだけを行う営業代行サービスでも単に「営業代行サービス」という打ち出し方をしている提供企業が多くあります。「営業代行サービス」と聞くと多くの人が、商談や契約までの営業活動をすべて代行してくれるサービスだと思うことも自然なのですが（実際にそのようなサービスもありますが）、そのようなサービスだと思って提供企業に問い合わせてみると、実はアプローチの

〔図表6　BtoBにおける一般的な営業活動の流れ〕

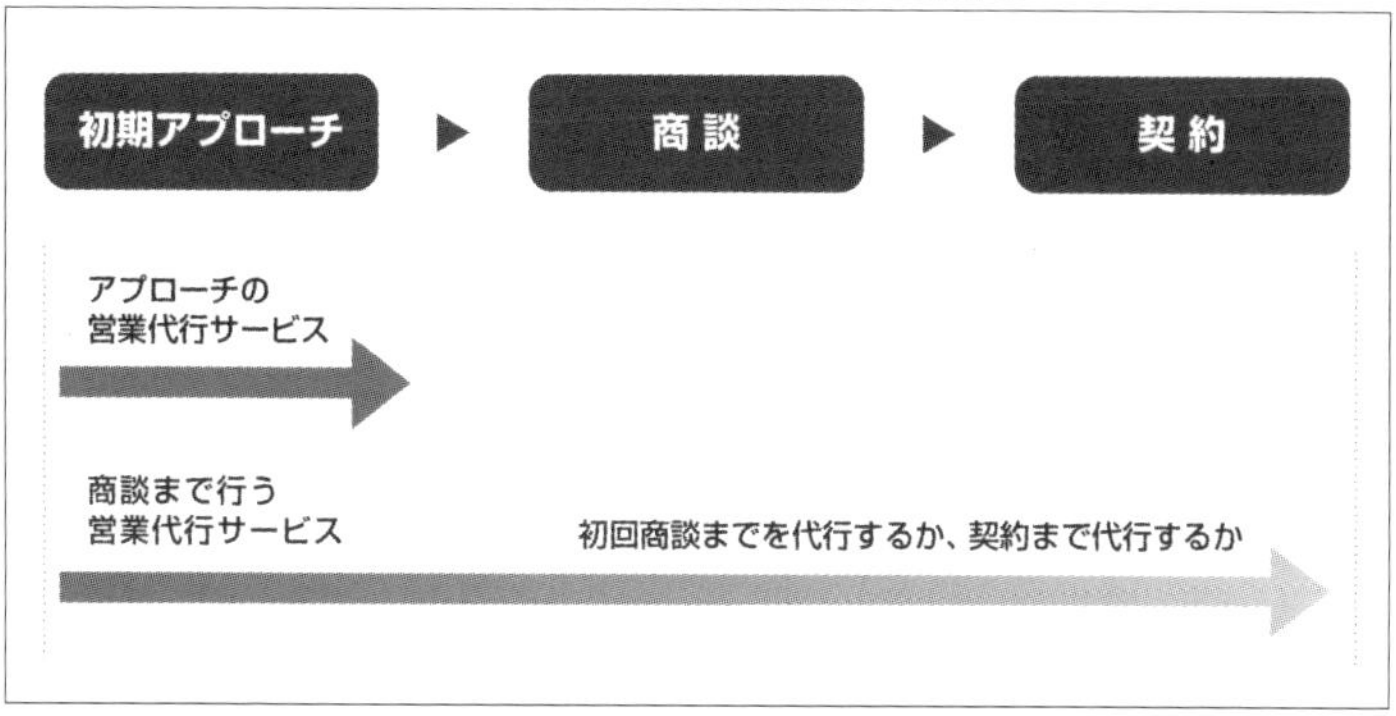

部分だけの営業代行サービスであると答えられるケースも少なくありません。

アプローチの営業代行サービスを行う企業の中には、「アプローチアウトソーシング」や「テレアポ代行」という表現をする提供企業もあります。それをなぜ「営業代行サービス」と表現するかの理由としては、アプローチアウトソーシングという言葉は直感的にわかりづらく営業代行サービスのほうがわかりやすいこと、そしてテレアポ代行という言葉はその価値を低く捉える人が多くいることがあげられます。

ただ単にテレアポを代行するサービスではなく、新規顧客の獲得に寄与するためにより付加価値のあるサービスを提供しているということを表現したいため、営業代行サービスという言葉を使っていると考えられます。

代表的な手段は電話営業と問い合わせフォーム送信

では、アプローチの営業代行サービスには具体的にどのような手段があるのでしょうか？　それは、電話営業・問い合わせフォーム送信・飛び込み訪問の３つがあげられます。

第1章でも触れたように、営業代行サービスはアナログ的な手段を提供するサービスですので、インターネット広告運用のようなデジタル的な手段は入らずに、すべてアナログ的な手段となります。

また、３つ目にあげた飛び込み訪問の営業代行サービスは、飲食業などの店舗系をターゲットにする場合など限られた領域で活用されている手段となり、本書での詳細な説明は省かせていただき、電話営業と問い合わせフォーム送信の２つを取り上げていきます。

「電話営業」はアプローチの営業代行サービスの代表格

アプローチの営業代行サービスの最も代表的な手段は電話営業です。ターゲット企業への電話営業を代行して、主にアポイントを獲得して利用企業に提供するサービスです。要するに「テレアポ」を代行するのですが、テレアポ代行ではなく「営業代行サービス」と打ち出している理由は前述の通りで、より付加価値のあるテレアポを実施するという意味が込められています。

電話を使ってアポイントを獲得する営業手法がいつからあるのか、私たちも正確にはわかりませんが、少なくとも１９００年代前半に欧米で書かれた自己啓発書には、ケーススタディとして電話を活用してセールスをしている場面が取り上げられていますので、そのころにはすでに電話を活用した営業活動は行われていたことになります。

そのような古典的な手段が２０２１年現在でも広く活用されています。２０００年代前半からインターネットが急速に発展し、インターネット広告などのデジタル的な営業手段が発達したにも関わらず、アナログ手段の代表格である電話営業は減るどころか２０２０年後半から２０２１年前半にかけては、私たちへの問い合わせ数や依頼数は逆に増えている状況です。

デジタル的な手段が発展したとはいえ、ＢtoＢの領域ではその手段が十分に活用できない、有効に機能しない場面がまだまだ多くあり、電話営業というアナログ的な手段の有効性が失われていないことが理由として考えられます。

「インサイドセールス」はより高付加価値な電話営業を行うサービス

また、アプローチの営業代行サービスの１つで「インサイドセールスの代行」または単に「インサイドセールス」と打ち出している提供企業があり、従来の営業代行サービスやテレアポ代行とは一線を画しているサービスであると表現をしています。「インサイドセールス」という言葉を直訳すると「内勤営業」であり、その言葉自体は具体的な手段を表現しているものではなく１つの営業活動のスタイルを表現しているものです。

内勤営業の反対語は外勤営業（外回りの営業）ということになるのだと思いますが、営業活動についての古いイメージである、たくさん外を回って足で稼いでいくということを否定し、必要以上に会社の外に出ずに社内に留まって電話・メール・Ｗｅｂサイト・各種ＩＴ関連技術（マーケティングオートメーションやＡＩ技術等）を有効に活用して市場のニーズを喚起し、見込み客を発掘するプロセスを仕組み化し、ここぞというときに初めて訪問したりＷｅｂ商談をしたりして営業効率を最大化しようという考え方・営業スタイルのことを、２０２１年現在では一般的に「インサイドセールス」と呼んでいます。

インサイドセールスは電話営業とＩＴ関連技術を組み合わせた営業手段を提供するサービスであり、営業代行サービスを検討していただく際にはより高付加価値な電話営業を行うサービスとして捉えていただくとよいと思います。

「問い合わせフォーム送信」はBtoBでは最も新しい営業手段

２つ目の代表的な手段としてあげるものは「問い合わせフォーム送信」です。営業代行サービスが生まれて以来、アプローチの営業代行サービスの手段といえば「電話」でしたが、２０２１年現在ではもう１つの主要な営業代行サービスの手段としての認知が広まってきています。問い合わせフォーム送信という手段自体は、２０１７年～２０１８年あたりから活用され始めた営業手段であると考えられます。

まずは、「問い合わせフォーム送信」とはどのような手段なのかを簡単にご紹介します。企業は自社の認知度向上や製品・サービスの販売促進などを目的として、自社のＷｅｂサイトを構築しています。そのＷｅｂサイトには、閲覧者からの問い合わせを受け付けることを目的とした「問い合わせフォーム」を設けているＷｅｂサイトも多くあります（図表7）。

本来この問い合わせフォームを設置する目的は、自社の製品・サービスなどに何かしらの興味のある人が、資料請求をしたり詳しい説明を受けるための商談を申し込んだりするためですが、「問い合わせフォーム送信」という営業手段はこの問い合わせフォームに書き込む側が自らの製品・サービスのアピールを行っていくという手段になります（図表8）。

この手段が生まれてきた当初は多くの人が違和感を持った方法でした。自社の問い合わせフォームに問い合わせがあった旨の通知があり、「問い合わせが来た！」と思って期待して見てみると、その内容は自社への問い合わせではなく送信をしてきた相手側の営業活動であったということになるので、期待を裏切られてがっかりしたりしたという経験をした人も多くいるのではないかと思います。

しかし、相手側の営業活動とわかって1度はがっかりするのですが、よくよく見てみると自社にとって興味・関心がある製品・サービスの案内であることがわかり、「詳しい話を聞かせてください」と返信をする人も一定数存在するようになりました。

２０２1年現在では、一部の企業では自社の問い合わせフォームには営業活動をしないでほしいとＷｅｂサイト上で表明しているケースもありますが、問い合わせフォームに相手側からの営業活動目的で送られてくることは特に問題視をせず、内容によって対応を決めているという企業が多数派となりました。

〔図表7　Webサイトに設けられている問い合わせフォーム〕

〔図表8　問い合わせフォーム送信〕

中堅・大手企業の中には、問い合わせフォーム送信専用（購買専用）のフォームを設けている企業もあり、よりよい情報の投稿であれば資料送付請求や商談の依頼などのアクションを起こしてくることからも、多くの中堅・大手企業でも問い合わせフォーム送信という方法論を認めているということが伺えます。

「問い合わせフォーム送信」を代行する

この「問い合わせフォーム送信」を、利用企業から提供企業に実施を委託することになるのがアプローチの営業代行サービスの問い合わせフォーム送信バージョンになります。

問い合わせフォーム送信の作業を行うことにおいて、２０２１年現在多くの提供企業が「ＡＩ技術を活用して」「ロボットが自動で」送信作業を行う、という内容でサービスを打ち出しています。

第１章の営業代行サービスの共通認識から、営業代行サービスはアナログ的な手段により提供されるとすると、「ＡＩ技術活用」や「ロボットによる自動化」はデジタル的な手段なので、営業代行サービスと呼ばないという見方をすることもできます。

問い合わせフォーム送信がアナログ的な手段なのかデジタル的な手段なのか、それを代行することは営業代行サービスと呼ぶのかどうかということについては、利用企業側からするとどちらでもよいことになりますが、利用企業側がこの手段を自ら実行しようとすると、それを自動化するような仕組みを自社で開発しているわけではありませんので、アナログ的に１件１件手作業で書き込んでいくことになります。

その作業を提供企業側では効率化するためにデジタル化しているという状態ですので、問い合わせフォーム送信自体はアナログ的な手段ということができ、そのため提供企業が利用企業の問い合わせフォーム送信を代行するサービスを、アプローチの営業代行サービスの問い合わせフォーム送信バージョンと呼ぶことができると考えます。

問い合わせフォーム送信と「直メール送信」の違い

問い合わせフォーム送信と似ているものとして、「直（ちょく）メール送信」という営業手段があります。直メール送信とは、企業の持つ主に共用のメールアドレス（info@・・・等）に、自社のアピール文を直接メール送信するという営業手段です。

もともとは「メール送信」と呼ばれていましたが、問い合わせフォーム送信という手段が生まれたことにより、それと区別するために「直メール送信」と呼ばれるようになりました。

２０２１年現在、問い合わせフォーム送信と並んで直メール送信を活用する企業も増えており、この２つの営業手段を併用して実施している企業も数多くあります。

本書では､直メール送信をアプローチの営業代行サービスの手段としては取り扱っていませんが、その理由としては新規顧客の獲得のための主たる営業手段とするには少し力が弱く、補助的な営業手段としての性質が強いためとなります（従来からある営業手段の中では、そのコストの安さやレスポンス率の数値からＦＡＸ営業と性質が似ています）。

電話営業や問い合わせフォーム送信のような、新規顧客の獲得のための力のある主たる営業手段にはならなくても、大量に実施してもコストが安いなどの優秀さを持ち合わせていますので、主たる営業手段を補助する目的で複合的に実施をしていくことは十分に有効であると言えます。

2　アプローチの営業代行サービスのメリット・デメリット

メリット①　アプローチの非効率を解消できる

アプローチの営業代行サービスのメリットは何といっても新規開拓営業におけるアプローチの非効率を解消できることです。図表６のＢtoＢの営業活動の流れにおいて、アプローチの部分には多くの非効率な業務があります。

ターゲットを選定してから企業リストを作成する、電話をしてアポイントを獲得する、問い合わせフォームを見つけて手作業で書き込んで送信する、場合によっては飛び込み訪問をするなど、時間がかかる面倒な仕事が多いことがわかると思います。

そして、大半の企業にとってこれらの仕事は本業ではない間接業務になります。例え企業内に営業部があったとしても、営業部に所属している担当者はお客様への提案活動やサービス提供を担うことを専門としている場合が多く、これらアプローチに関する仕事についてはそれを専門とはしていない人が、空いた時間や工数を使って片手間で行っているケースがほとんどです。

そうなると、ただでさえ営業活動におけるアプローチの部分は時間がかかる仕事が多い上に慣れてもいない仕事なので、さらに多くの時間と工数を要することになり、非効率が増大していきます。この部分を営業代行サービス提供企業へアウトソーシングをすることにより、担当者は非効率な業務から解放され、本来力を注ぐべき自身の本業務に集中することができるようになります。

メリット②　新規商談から契約に至るまでのノウハウが自社に残る

アプローチの営業代行サービスのメリットの２つ目は、新規商談から契約に至るまでのノウハウが自社に残ることです。営業代行サービスと言うからには、受注まで行ってくれるのではないのかと思われることも多いのですが、第1章で記載をしたような代理店構築を行うことができるような製品・サービスに大きな力を持つ企業は別としても、私たちは多くの企業にとっては新規商談から契約までのプロセスは自社で行い、そのノウハウを自社に残したほうがよいと考えています。

新規商談を行う一番の目的はもちろん新規契約を獲得することだと思いますが、新規商談から契約に至るまでには様々なことが発生します。提案資料をどう作成すればいいのか、その提案資料を商談時にどのように話せばいいのか、相手から競合他社との違いを聞かれたときにどう答えればいいのか、価格が高いと言われたら値引きをするのかしないのか、見積書はどのように作成すればよいのか、契約書はどのように締結すればいいのか、これ以外にも新規商談から契約に至るまでには様々なプロセスや検討事項が発生します。

また、新規商談から契約に至るまでのプロセスはセールスの領域に入っていると言えますが、それと共にマーケティングの要素も多分に含んでいます。商談時に相手から価格の高さを指摘されたり、自分たちが認識していない競合他社がいることがわかったりして、そこで得られた内容を基に経営戦略や営業戦略を見直したり、製品・サービスの仕様や価格を変えたりすることも数多く発生します。

新規商談から契約に至るまでのプロセスを外部に委託すると、このような機能の大半が自社に残らないことになってしまいます。非効率かつ間接業務であるアプローチのみを営業代行サービス提供会社にアウトソーシングし、新規商談から契約に至るまでのプロセスは自社で行うことにより、数多くの有益な情報を失うことなく営業活動を行うことができるようになります。

デメリット①　アプローチがうまくいかないと新規開拓営業が進まない

アプローチの営業代行サービスには、デメリットと考えられる側面もあります。まず１つ目として、営業代行サービス提供企業によるアプローチがうまくいかないと新規開拓営業が進まないことです。

もちろん、これはアプローチの営業代行サービスでも商談まで行う営業代行サービスでも、新規開拓営業を行うときにはまずはアプローチから行うことになるので、アプローチがうまくいかなければ新規開拓営業は先には進みません。

しかし、商談まで行う営業代行サービスの場合、提供企業と既に接点があり電話営業などの新規のアプローチを必要としない企業に営業活動をするという手段が残されていますが、アプローチの営業代行サービスの場合はサービスの性質上この手段を取ることができません。

そのため、提供企業が新規のアプローチにつまずくと、そこから期待をしていた新規商談の獲得ができなかったり、計画に大きく遅れが生じたりします。

しかし、この点をここではデメリットとして挙げていますが、こちらに対しては利用企業側から行うことができる具体的な対策が数多くあります（第3章や第4章も参照していただければと思います）。アプローチがうまくいかないことがあり得ることを認識して対策をすることにより、提供企業がアプローチにつまずくリスクを大幅に軽減することができます。

デメリット②　新規商談から契約に至るまでの時間と工数がかかる

こちらはメリット②の裏腹の内容となりますが、新規開拓営業におけるアプローチのみを提供企業側に依頼をするので、当然新規商談から契約に至るまでの時間や工数がかかることになります。そして、このようなプロセスを踏むことに慣れていない利用企業は、新規商談から契約までのプロセスに対して、事前に想定していた時間や工数以上に労力がかかってしまうケースも数多くあります。

メリット②にも記載をしましたが、このような時間や工数をかけたとしても利用企業側で新規商談から契約までを行うことのメリットは大きいと考えますが、既存の主要なお客様へのサービス提供や他の重要な業務に支障をきたすレベルまで時間や工数がかかってしまうことがあるようであれば、そこはやはり考慮をしなければならず、次項以降に記載をする商談まで行う営業代行サービスの活用も１つの選択肢となってきます。

電話営業や問い合わせフォーム送信をきっかけとしての新規顧客の獲得は、一朝一夕でできるような簡単な仕事ではありません。プロジェクトの責任者の方や担当者の方があきらめずに粘り強く、想定以上の時間や工数を投入したとしても成果を出していくという覚悟を持って取り組むことにより、多くのメリットを享受することが可能となります。

3　商談まで行う営業代行サービス

初回商談まで代行するか、契約まで代行するか

ここからは、もう１つの営業代行サービスの形である商談までを行う営業代行サービスについて記載をしていきます。

図表６（37ページ）を再度見ていただければと思います。。商談まで行う営業代行サービスは、初期アプローチから始まり新規商談から契約に至るプロセスにも踏み込んで代行していくサービス

になります。商談まで行う営業代行サービスも、初回商談までを代行するか、契約まで代行するかの2つに分けることができます。

新規商談から契約に至るまでのプロセスにおいて、1回の商談で契約となることもありますが、多く場合は契約に至るまでの商談は複数回行われます。最もオーソドックスなケースは商談が2回行われる形で、初回商談では主に相手のニーズや要望などをヒアリングすることを目的として行われ、2回目の商談では相手のニーズや要望を実現するための提案や価格提示を行うことになります。提供する製品・サービスの金額が大きければ大きいほど、ヒアリングの回数や提案の回数は増えていきます。

初回商談まで行う営業代行サービスは、このヒアリングのプロセスまでを行い本格的な提案段階となったときから利用企業にバトンタッチされるものです。利用企業から見ると、ヒアリングのプロセスまでアウトソーシングをして本格的な提案となったところから商談に取り掛かることになるので、より密度の高い商談のみに営業リソースを集中することができます。

契約まで行う営業代行サービスは文字通りヒアリングからの提案を行い、契約をいただくまで行うことになります。契約をいただき顧客となった時点で利用企業にバトンタッチされ、その後のサービス提供は利用企業側によって行われます。利用企業はアプローチから契約までのすべてのプロセスをアウトソーシングする形となり、顧客へのサービス提供や満足度向上にリソースを集中することができます。

利用企業の社名で行うのか？　提供企業の社名で行うのか？

特に商談まで行う営業代行サービスの場合、提供企業側が営業活動を行うときに利用企業の社名を名乗って営業活動を行うのか、提供企業の社名で行うのかの２つの選択肢があります。

利用企業と提供企業のどちらの社名で行うのかという議論は、アプローチの営業代行サービスのときにもされることがありますが、アプローチの営業代行サービスの場合は一部のケースを除いて圧倒的に利用企業の社名を名乗って営業活動を行います。

電話営業の場合は電話口で提供企業自身の名前を名乗ってしまうと、電話の相手は新規商談の前に提供企業と利用企業の複数の社名を聞かされることになり混乱を招いてしまうことも考えられます。

問い合わせフォーム送信を行う場合も、原則としては利用企業の名前で問い合わせフォーム送信を行うことになります。

それに対して商談まで行う営業代行サービスの場合は、どちらの社名を名乗るパターンも営業代行サービスとして成立しています。提供企業の名前を名乗って営業活動を行い、ニーズがある企業が見つかり次第、その製品・サービスが提供可能な利用企業の中から最適と考えらえる先に紹介をするサービスもありますし、利用企業の名前を名乗り、利用企業専属の営業チームとして契約まで成し遂げていくサービスもあります。

提供企業が提供企業自身の名前を名乗る形は利用企業側から見ると費用は抑えられるのですが、

その代わり必然的に競合が生まれることになります。提供企業が利用企業専属で名前を名乗る場合は前者のような他の類似企業との競合関係はないのですが、営業代行サービスの費用が高額になることになります。

新規顧客の開拓をするのか、提供企業のネットワークで営業活動をするのか

商談まで行う営業代行サービスでは、利用企業・提供企業双方にとっての新規顧客の開拓をするのか、提供企業のネットワーク内の企業に営業活動を行うのかという棲み分けもあります。

アプローチの営業代行サービスの場合は、利用企業・提供企業双方にとっての新規顧客を開拓しにいくことがほぼ１００％になる（前述のように、利用企業の名前を名乗ることがほぼ１００％である）ため、提供企業のネットワーク内の企業にアプローチをするということが発生しないのですが、商談まで行う営業代行サービスの場合はどちらも十分にあり得ます。

利用企業・提供企業双方にとっての新規顧客の獲得を行う場合は、新規開拓営業の正攻法でターゲット選定からアプローチを行い、商談して契約を目指していくということになります。提供企業のネットワークに営業活動をする形が力を発揮するのは、特定の業界に絞った営業代行サービスを行うような場合です。

例えば日本全国にある数多くの病院やクリニックと普段から深いつながりを持っている企業が、医療機器メーカーから営業代行サービスを受託し、関係のある病院やクリニックに新たな医療機器

として紹介をしていくというようなケースが考えられます。

病院やクリニック側も関係や信頼があるこの企業の話は優先的に聞こうとするでしょうし、提供企業側も医療業界に絞った営業代行サービスを行うことにより、より専門知識を深めて質の高いサービスが提供できます。医療業界の他にも、飲食業界専門、宿泊業界専門、美容業界専門、福祉業界専門などが考えられます。

ある業界に特化して営業活動をしたいと考える利用企業は、その業界を専門とし業界内で既に幅広いネットワークを持っている提供企業の営業代行サービスを活用することも有力な選択肢の1つとなります。

4　商談まで行う営業代行サービスのメリット・デメリット

メリット①　商談の時間や工数までも削減できる

商談まで行う営業代行サービスの最大のメリットは、やはり商談の時間や工数までも削減できることです。

アプローチの営業代行サービスのところでも触れましたが、新規商談から契約までのプロセスには多くの時間と工数がかかります。それを想定し自社でしっかりと取り組むことによるメリットはもちろん大きいのですが、限界以上に時間をかけることはもちろん難しく、既存事業にしっかり取り組みつつもそれと並行して新規事業の立ち上げも行わなければいけないという状況があることも考えられます。

アプローチの営業代行サービスでは、新規商談から契約までの時間や工数を削減することはできませんので、このような場合は商談まで行う営業代行サービスも選択肢の1つとして浮上してくることになります。

メリット② 営業技術や適性のある人材を確保できる

営業活動を行うにあたっては、その業界知識や製品・サービスの専門的な知識、業界経験などが必要となるのですが、BtoBの営業活動全般に共通する考え方や技術、営業活動に対しての人材の適正というものがあります。

BtoBの営業活動全般に共通する考え方や技術というものは様々な業界の営業活動に携わっていないとわからないことなので、ある業界の中で専門的に仕事をしている企業はそのような考え方や技術を持ち合わせていません。

よって、自社の営業担当者に対して客観的にマネジメントしたり、営業活動について総合的に教えたりすることが難しく、どうしても自社や自身の業界内の経験値を基にした非体系的なマネジメントや指導をすることになります。

また、多くの営業担当者を雇用したことがある企業ばかりではないため、どのような人が営業活動に向いているかについてもわからないことが多く、仮にわかっていたとしてもそのような人材を自社で採用できる保証もありません。

商談まで行う営業代行サービスの提供企業には、業界の専門知識はないけれどもB to Bの営業活動全般に共通する考え方や技術を持っていて、様々な業界の営業活動の経験があり、営業活動自体が好きであったり適性があったりする人がいます。そのような人が利用企業のサービス提供に従事することになります。

利用企業がこのような人材を自社で採用しようと考えてもなかなか実現するものではありません。さらに、第1章にも記載をしたように営業派遣ではなく営業代行サービスであるため管理監督権限は提供企業側にあり、この人材を利用企業側で直接的にマネジメントする必要がありません。このような人材が短期的に自社の営業活動に従事してもらうことができるようになることが、商談まで行う営業代行サービスのメリットとなります。

デメリット①　費用は必然的に高くなる

商談まで行う営業代行サービスは、メリットのところで述べたような付加価値の高いサービスでもあるのでその費用は必然的に高くなります。

費用が高いことを「デメリット」してあげましたが、費用は提供される製品・サービスの価値によって決まるものであり、付加価値の高いサービスの費用が高いことをデメリットと表現するのは本来適切ではありませんが、ここではアプローチの営業代行サービスの費用と比べると相対的に高いという意味でデメリットとしてあげたいと思います。

商談まで行う営業代行サービスは、プロジェクト全体の費用は数百万円以上になることが普通です。多くの企業にとってはとりあえず試しにやってみようかと気軽に発注できる金額ではありませんが、その分サービスがしっかりと機能すれば大きなメリットを得ることができます。

プロジェクトの成功確率を最大化するために想定されるリスクを事前に十分に検討し、万全の準備でサービスを発注しプロジェクトに取り組んでいくことが重要になります。

デメリット② 代理店構築可能レベルの製品・サービス力を必要とする

商談まで行う営業代行サービスは、B to Bの営業技術や適性のある人材を確保できるというメリットを挙げました。

確かにその通りなのですが、そのような人材であっても知識や経験のない業界で数カ月などの短期間で営業活動の成果をあげることは簡単ではありません。商談まで行う営業代行サービスを成功させるためには、代理店を構築することが可能なレベルもしくはそれに相当するレベルの製品・サービス力があることが要求されます。

もし商談まで行う営業代行サービスの成果について、1年目は度外視し2年目以降に成果が出てくればよいとすることができれば、製品・サービスのレベルは少し低くてもよいかもしれません。

〔図表９　営業代行サービスの種類とメリット・デメリット〕

	メリット	デメリット
アプローチの営業代行サービス	・アプローチの非効率を解消できる。 ・新規商談から契約に至るまでのノウハウが自社に残る。	・アプローチがうまくいかないと新規開拓営業が進まない。 ・新規商談から契約に至るまでの時間と工数がかかる。
商談まで行う営業代行サービス	・商談の時間や工数までも削減できる。 ・営業技術や適性のある人材を確保できる。	・費用は必然的に高くなる。 ・代理店構築可能レベルの製品・サービス力を必要とする。

しかし、商談まで行う営業代行サービスを利用企業が発注する場合、成果が出てきてほしいと考える時間は３か月、長くて半年が一般的です。毎月かかる費用も高く、成果が出てくるまで１年以上待つことができる利用企業は多くはありません。

どんなに多くの業界で営業経験を積んでいて営業適性がある人材でも、新たに取り組む業界での営業成果を３か月〜半年で出していくことは容易ではありません。そのため、商談まで行う営業代行サービスを活用する際には、業界経験が少ない人でも成果を出すことができるような製品・サービスの力が要求されるということになります。

アプローチの営業代行サービスと商談まで行う営業代行サービスのメリット・デメリットをまとめたものを図表９に掲載します。アプローチの営業代行サービスと商談まで行う営業代行サービスで、どちらが優れているということはありません。自社の製品・サービスはどのレベルにあるのか、自社の営業リソースはどれだけ確保できるのか、新規商談から契約までのノウハウや経験値を自社に蓄積するべきなのか、営業代行サービスにかけることができる予算はいくらなのか、そのような多角的な検討を行うことにより最適な営業代行サービスの形態をぜひ選択していただければと思います。

5　営業代行サービスの料金体系の種類とメリット・デメリット

ここでは営業代行サービスの料金体系の種類とそのメリット・デメリットを見ていきたいと思います。

第1章でも触れていますが、営業代行サービス提供企業は様々な料金体系を提示しています。初期費用の有無、成果報酬型や固定報酬型、月額費用の有無、利用企業が最終的に受注をしたときの提供企業へ支払うインセンティブなどです。それらのどれかを単独で打ち出している提供企業もあれば、それらを組み合わせた料金体系を打ち出している提供企業もあります。

これら1つひとつを別々のものとして捉えてしまうと目移りしてしまい、どの提供企業のサービスを利用すればよいのかを必要以上に迷ってしまうことになりますので、ここでは料金体系をシンプルに説明していきたいと思います。

成果報酬型と固定報酬型

営業代行サービスの料金体系は、最も大きな観点で分けると2つしかありません。それは、成果報酬型か固定報酬型かのどちらかです。前述のようにそれを組み合わせた料金体系は数多くあるのですが、必ず成果報酬型か固定報酬型のどちらかに主眼が置かれています。

Ｗｅｂサイトや提案資料をよく見ることにより、どちらに寄っているサービスなのかはすぐに認識していただくことができます。また、アプローチの営業代行サービスには成果報酬型と固定報酬型がどちらも存在するのですが、商談まで行う営業代行サービスは基本的には固定報酬を重視したサービスになります。

完全成果報酬型で商談まで行うということは代理店を行っていることと同じになりますので、営業代行サービスの範囲内では商談まで行う完全成果報酬型のサービスは存在しないことになります。

成果のみを重視するのであれば成果報酬型のほうが費用は安い

営業代行サービスの料金体系を選ぶ場合、利用企業として何を成果として求めるのかということがとても大切です。利用企業が求める成果もシンプルに２つに分けることができます。それは、最終的な成果のみでよいのかプロセスも重視するのかの２つです。

前述のように成果報酬型はアプローチの営業代行サービスにしか存在しないのですが、その成果として代表的なものは新規商談の獲得です。一般的に新規商談の獲得という成果のみを重視するのであれば、固定報酬型に比べて成果報酬型のほうが費用は安くなります。

それであれば成果報酬型で依頼すればよいのではないかと考えられるかもしれませんが、成果報酬型にはデメリットもあります。順調にアプローチからの新規商談が獲得できているときはよいのですが、それがうまくいかない状態になったときに成果報酬型のデメリットが顕在化します。

成果報酬型は、同じ成果が出るのであれば固定報酬型に比べて費用は安くなりますが、なぜ費用が安くなるのかというと利用企業に営業活動のプロセスを報告するための詳細な記録をすることを省略したり、効率よく成果をあげることができる案件とそうでない案件をうまく組み合わせて全体の生産性を調整したりしています。

思うような成果が出ないときにそのプロセスがどうなっているのかと利用企業が問い合わせても十分なプロセスの記録が残っていなかったり、決められたプロセスを踏んでほしい（例えば、1日に○○件の電話をかけてほしい）と要望をしても、基本的には成果報酬型は決められたプロセスを踏むことを利用企業に約束をしないサービスとなるため、その要望に対してかなり鈍い反応になる可能性が十分に考えられます。

もちろん如何に成果報酬型とはいえ、提供企業は利用企業から営業代行サービスの依頼を受ける際に期待する成果について話し合い、合意をした上でアプローチの営業代行サービスに着手しています。その約束を果たすためにプロセスを実行することに全力を尽くさなければいけませんが、その約束と料金体系とが完全に合致しているのかというと厳密にはそうではありません。

成果報酬型はうまくいっているときは素晴らしい料金体系なのですが、うまくいかなくなったときに問題が顕在化しやすいことを利用企業側としては認識をしておくとよいと思います。

このような問題に対して完璧ではなくとも解決に近づくことができる料金体系が、成果報酬重視型＋一部固定報酬型という料金体系です。成果報酬型のメリットは残しつつも、もしうまくいかな

〔図表10　営業代行サービスの料金体系とメリット・デメリット〕

	メリット	デメリット
成果報酬型	・成果のみを重視するのであれば、固定報酬型に比べて費用は安くなる。	・プロセスを踏むことを約束していないため、成果が思わしくない時にプロセス管理を行おうとした時に問題を抱えやすい。
成果報酬重視型＋一部固定報酬型	・成果報酬型のメリットを活かしつつ、固定報酬型のプロセス重視の考え方を一部取り入れることにより、２つの料金体系のメリットを掛け合わせることができる。	
固定報酬型	・提供企業が成果によらず約束された報酬を得ることができるため、決められたプロセスを確実に踏むことができる	・成果のみを比べた時に、同じ成果を得るのであれば成果報酬型に比べて費用は高くなる。

かったときのためのプロセス報告も受けることができるようにする料金体系となり、２つの料金体系のメリットを掛け合わせたものになります。

プロセスをしっかりと見たければ固定報酬型が優れている

もう１つの料金体系は固定報酬型です。成果と共にプロセスも重視する利用企業の場合、固定報酬型が向いているというケースも数多くあります。

固定報酬型は提供企業が成果によらず約束された報酬を得ることができるため、決められたプロセスを確実に踏むことができます。コール数、送信数、訪問数、商談数などにＫＰＩ（重要業績評価指数）を設け、そのプロセスがしっかりと踏まれているかどうかを利用企業側からもしっかりと確認をすることができます。

同じ成果を得ることを想定すると、固定報酬型は成果報酬型に比べて基本的に費用は高くなります。費用を高くしてもプロセスをしっかりと見るのか、プロセスは提供企業側に委ねて成果にフォーカスをするのかは利用企業側の方針によります。一般的な傾向としては、中堅・大手企業のほうがプロセス重視の考え方があるため成果報酬型も固定報酬型もどちらも選択されており、中小企業は成果重視の考え方が優勢で成功報酬型を選択しているケースが圧倒的に多くなります。

図表10は、営業代行サービスの料金体系のメリット・デメリットをまとめたものです。自社が得たい成果を明確にし、最適な料金体系の営業代行サービスを選択していただければと思います。

6　2021年以降の営業代行サービスはどうなる？

2018年ごろから働き方改革に関連した相談が増加

第2章では営業代行サービスの種類やメリット・デメリットを中心に述べてきましたが、この章の最後に2021年以降の営業代行サービスがどのようになっていくことが予想されているかについて述べていきたいと思います。

まず2018年ごろからの動きとなりますが、私たち株式会社アイランド・ブレインへ問い合わせをいただく企業の中で中堅・大手企業の割合が増えたという変化がありました。このような規模の企業からの問い合わせの背景には、確実に2018年に成立した働き方改革関連法案の影響があります。従来の営業代行サービスの利用企業の多くは、第1章にも記載したように50名以下の企業が80％以上を占めているということからも、自社に営業部や専属の営業機能を持たない企業が大半でした。２０００年代にＩＴ関連企業と共に成長をしたときも、リーマンショックの後に専門工事業の活用が増えたときも、営業部や独立した営業機能を持たない企業からの依頼が中心でした。

それに対して中堅・大手企業の多くは営業部が存在します。新規開拓営業もその部署が担っていることが多く、アプローチから新規商談・契約に至るまで自社内で一貫して行っています。２０１８年以前はこのような企業では営業代行サービスの活用はあまり社内の選択肢にあがらず、自社の営業活動の一部ないしは全部をアウトソーシングすることなどイメージできないという方も多くいらっしゃいました。

しかし、前述のように営業活動には非効率で時間がかかる業務も多く、そういった仕事を重要業務の合間を縫って行ったり一部はサービス残業を行ったりして実施をしていたということも事実としてありました。それが働き方改革という概念が広まったことにより問題として顕在化するようになりました。

そのような背景から、２０１８年あたりからは中小企業からの問い合わせは引き続き堅調の中で、中堅・大手企業の問い合わせが増えることになりました。２０２１年現在でもこの流れは続いていて、中堅・大手企業でも引き続き営業活動の効率化・スリム化は進んでいくものと考えられます。

新型コロナウイルス感染拡大の影響により電話営業の効率が低下

２０２０年は何と言っても新型コロナウイルス感染拡大の影響が大きくあった年となり、営業代行サービスを取り巻く環境にも変化がありました。まず大きな変化としては、ＢtoＢの電話営業の効率が明らかに落ちたことがあげられます。

感染対策の観点から多くの企業でテレワークの実施が急速に広まり、担当者が会社に出社することが減ったためとなります。電話営業は会社の代表電話にかけることが主体になるため、担当者が会社に出社していなければアポイントを獲得できる対象者が不在となり、電話営業の範疇では具体的な解決をすることができない状態となります。

より正確に記載をしますと、テレワークは首都圏のオフィス系の仕事をしている人たちを中心に広まりました。郊外や地方の企業は首都圏ほどテレワークの比率は高くなく、製造業や建設業など、現場仕事が重視されるような企業もテレワークの比率は高くありません。

しかし、首都圏のオフィス系企業との取引を主体としていた企業ではまともにこの影響を受け、電話営業が従来の20％～25％程度しかパフォーマンスをしないことも珍しくありません。新規顧客の獲得において電話営業が主体であった企業は早期にリード獲得手段の転換を迫られる状況となり、その模索は２０２１年でも続いています。

問い合わせフォーム送信などのメール系手段の活用が定着

電話営業の効率低下と共に起こった変化は、問い合わせフォーム送信や直メール送信などのメール系手段の活用企業の増加です。

問い合わせフォーム送信やＤＭメール送信という営業手段は、新型コロナウイルス対策とは関係なく以前からある営業手段です。従来はそれほど多くのユーザーがいるわけではありませんでしたが、電話営業の効率の低下が明確にイメージできるようになると、問い合わせフォーム送信などのメール系手段の活用を選択する企業が２０２０年後半から明らかに増加しました。

また、このような新しい営業手段の定着には売り手側ではなく買い手側の変化によっても定着が促されることになります。売り手側がある営業手段を選択したとしても、買い手側がレスポンスをしなければ売り手側にとっては費用対効果がなく、その手段を継続して実施しなくなります。

そうすると結果的にその営業手段はなくなっていくことになりますので、ある営業手段が定着するということは売り手側だけではなく、買い手側にもメリットがなければ定着しないことになります。

新型コロナウイルス感染拡大の影響により、企業は他の企業に訪問活動ができなくなりました。そのため取引先の担当者が訪ねてくる回数も減り、最新の業界動向や製品・サービスの情報を教えてもらえる機会が減りました。そして会社に出社することもできなくなったので、会社のメンバーと話すことも少なくなりさらに最新情報に触れる機会が減りました。

そのような中で、問い合わせフォーム送信などのメール系のアプローチを受ける機会が増えました。メール系のアプローチは受信したときではなく後から見ることもできますので、電話営業のように現在行っている仕事を止めてその場で対応する必要もなく、テレワークで自宅にいても送信されてきますので、会社に行かなければ受け取れない情報でもありません。

そのため買い手側としては、特に仕事を邪魔されるわけでもなく必要がなければそのままスルーすればよい、そして中には自社や自分にとってニーズのある製品・サービスのアプローチもあるので、有益なものであればレスポンスするという動きをする人が多くなりました。

テレワーク・非接触を強いられた中で新たな購買検討の手段として、問い合わせフォーム送信などのメール系手段は買い手側の企業にも有効な手段として認知され、売り手側・買い手側の利害が一致することにより問い合わせフォーム送信などのメール系の手段が急速に定着することになりました。

Ｗｅｂ商談への対応が必須となる

新型コロナウイルスの影響により広まったテレワークは、新型コロナウイルス感染拡大が落ち着いたとしてもその後も続くと言われています。テレワークの推進は以前から言われていたことですが、なかなか腰が重かった企業も新型コロナウイルス対策がきっかけになって導入せざるを得ない状況になり、いざ取り組んでみるとメリットが数多くあることがわかりました。そのため新型コロナウイルスの終息状況によらず、テレワークは継続されていくことになります。

企業担当者が出社をしないため、外部の人との商談は基本的にＷｅｂ商談で行われることになりますが、新型コロナウイルスが蔓延する前は中堅・大手企業を含め多くの企業がＷｅｂ商談に対しては否定的でした。直接話さなければ伝わらない、Ｗｅｂ商談では雑談ができず相手と仲良くなれない、Ｗｅｂ商談はリアルの商談に比べて成約率が低いなどの理由があり、リアルの商談を重視する傾向が強くありました。

しかし新型コロナウイルス感染拡大の影響は、そのような常識を変えるのに十分な力がありました。また前述の問い合わせフォーム送信などのメール系の営業手段が広まったこととも似ていますが、Ｗｅｂ商談についても売り手側だけではなく買い手側にも大きな変化がありました。

買い手側は売り手から直接対面で話を聞くことができないので、Ｗｅｂ商談で売り手側の製品・サービスの紹介や提案を聞かざるを得ない状況になりました。そのため、自社にとって有益なサービスをＷｅｂ商談から得られる情報で判断しなければならないため、以前に比べてＷｅｂ商談での聞き方が上手になりました。

現在では、リアルの商談とＷｅｂ商談で質の差がほとんどなくなり、Ｗｅｂ商談のほうが雑談もなく短時間で終わるため生産性もよく、仮にリアルで会うにしてもサービス導入が決まって必要になったときに会えばよいという考え方が一般的になりました。

この流れは元に戻ることがない不可逆的なものとなりますので、Ｗｅｂ商談の対応はすべての企業にとって不可欠なものとなります。もちろん、新規顧客の獲得においてすべての企業がＷｅｂ商談だけで完結できるわけではなく、現地調査をしないと見積もりができない仕事や、実物を見てもらって判断をしてもらわなければいけない仕事も多くあります。そのような場合でも初回商談はＷｅｂ商談、２回目商談となったときに初めてリアルで行うというような方法を取ることにより、営業活動の生産性を飛躍的に高めることができます。

以前は足しげく通ってくる営業担当者がよいとされることもありましたが、今はそのような傾向も極端に減りました。今までは導入に否定的または消極的であったとしても、現在ならびに今後の社会情勢を考えるとWeb商談の対応は必須となっている現状があります。

7　第2章まとめ

営業代行サービスには、アプローチの営業代行サービスと商談まで行う営業代行サービスがあり、本書ではアプローチの営業代行サービスとして、「電話営業」と「問い合わせフォーム送信」の2つの手段を取り上げました。

「インサイドセールス」や「直メール送信」もよく活用されるサービスですが、「インサイドセールス」は各種のIT関連技術を組み合わせて高付加価値の電話営業を提供するサービスであり、「直メール送信」は新規開拓営業における主力の手段とするまでの力はなく、電話営業や問い合わせフォーム送信などの主力手段を補完するものと捉えることができます。

アプローチの営業代行サービスの最大のメリットは、新規開拓営業において非効率業務となりやすいアプローチ部分をアウトソーシングができることです。また、新規開拓営業における新規商談から契約までのノウハウは自社に残ることになり、効率的かつ効果的に自社の全体的な営業力を強化することができます。

デメリットとしては、リードの獲得業務を提供企業にアウトソーシングすることになるため、提供企業が想定通りのパフォーマンスを発揮できないと新規開拓営業全体がつまずくことになります。しかし過去の失敗事例や成功事例を見ることにより、利用企業側からそのリスクを回避するための様々な具体的な施策を打つことが可能です。

商談まで行う営業代行サービスのメリットは、営業活動に適性のある人材を短期的に確保して、商談から契約に至るまでの工数も削減できることです。多くの企業にとってこのような人材を自社で採用することは難しく、また仮に採用できたとしても自社でこの人材をマネジメントすることもまた難しくなります。

デメリットとしては、代理店構築可能レベルの高い製品・サービス力が求められることや、アプローチの営業代行サービスに比べて費用が高くなることがあげられ、導入にあたっては慎重に検討していくことが必要です。

営業代行サービス提供企業は、各社が様々な料金体系でサービスを打ち出していますが、大きく分けると成果報酬型と固定報酬型の2つの料金体系に分類することができます。

成果報酬型のメリットとしては、同じ成果を出すのであれば固定報酬型に比べて費用は安くなりますが、料金体系の性質から利用企業側からプロセスを指定したり、十分なプロセス管理を行ったりすることが難しくなるため、思うような成果が上がらなかったときに問題が顕在化してしまうリスクを持っています。

固定報酬型は成果報酬型に比べて費用は高くなりますが、提供企業側が決められたプロセスを踏むことが約束されているサービスであるため、しっかりとプロセス管理をしたり実施のエビデンスを求められたりするプロジェクトに対して有効な料金体系です。

2つの料金体系のよいところを合わせ持つ、成果報酬重視型＋一部固定報酬型に分類される料金体系を打ち出している提供企業もあります。営業代行サービスを活用して何を得たいのか、何を重視するのかをよく検討し、それを実現することができる最適な料金体系や提供企業の選択をして頂ければと思います。

2018年ごろからの動きとして、中堅・大手企業を中心に働き方改革に関連した相談や依頼が増加しました。このような企業は通常は自社内の営業部門が一貫して新規開拓営業を行っていましたが、業務の見える化から特にアプローチ部分の非効率がクローズアップされたことにより、営業代行サービスの活用が進んでいます。

2020年は新型コロナウイルスの影響により、営業代行サービスを取り巻く環境も大きく変化しました。具体的には、関東首都圏を中心にテレワーク推進により企業担当者が出社しなくなったことによる電話営業の大幅な効率の低下、問い合わせフォーム送信や直メール送信などのメール系手段を利用する企業の増加、テレワーク推進やリモート技術の発達によりＷｅｂ商談への対応が必須となったことがあげられます。

第3章

営業代行サービス活用における典型的な６つの失敗事例

1　営業代行サービス活用における「失敗」とは

支払った費用以上の粗利益を得られないこと

第3章では、営業代行サービス活用の代表的な失敗事例を紹介していきます。これから初めて営業代行サービスを活用しようとする方には、あらかじめ代表的な失敗事例を知っておいていただくことで成功確率を上げられるように、残念ながら以前に営業代行サービスを活用して失敗したと思っている方には、なぜ失敗したかの要因分析と次に活用するときには成功できるように改善点を考えるヒントになればと思います。

第3章では営業代行サービス活用の失敗事例を紹介していくのですが、ここで営業代行サービス活用における「失敗」の定義をしておきたいと思います。ここでの失敗の定義は、「支払った費用以上に新規顧客の獲得からの粗利益を得られないこと」としたいと思います。

営業代行サービスの利用企業の中には、支払った費用以上の粗利益を得ることはできたが望むような大きな成果は出すことができなかったので、営業代行サービスの活用は失敗だったと評価をしている方もいらっしゃると思います。

もちろん成功・失敗の定義はそれぞれの企業やチームによって異なりますので、それを失敗と評価をすることは正しいとも間違っているとも言えませんが、ここでの失敗の定義に照らし合わせると「一応は支払った費用以上の粗利益を得るには得たが望むような成果ではなかった。そのため失敗したわけではないが成功したわけでもなく、次の営業代行サービスの活用においては改善の余地が十分にある」という状態としていただければと思います。

失敗理由は「あらためてよく考えてみたらそうだよね」ということが多い

次項からは、営業代行サービス活用の代表的な６つの失敗事例をあげていくのですが、多くの失敗理由に共通していることがあります。それは「あらためてよく考えてみたらそうだよね」「今考えてみると当たり前だと思うけど、実際に活用していたときはどうして気づかなかったのだろう」ということです。

ではなぜそのようなことで失敗してしまうのでしょうか？　その理由として考えられることは２つあり、１つ目は新規顧客の獲得の重要性に起因する期待値の高さ、２つ目は営業活動の専門性の高さです。

第1章では一般的に企業が取りうる経営戦略は３つ（成長戦略、維持・継続戦略、出口戦略）に分類できると述べました。そして成長戦略や維持・継続戦略を取る企業は、新規顧客の獲得が必要となることにも触れました。

社長1人の企業から大企業まで、多くの企業がそれほどまでに重要な新規顧客の獲得を計画的に行うことができていません。新規顧客の獲得は常に不確定要素との戦いであり、計画通り（計画そのものが有効に立てられていないことも多いのですが）に進まず、いつも新規顧客の獲得において何かよりよい方法がないのかと模索しています。

そのため、営業代行サービスに対する期待値も必然的に高くなっていきます。期待値を高く持つことは悪いことではありませんが、自社の抱える大きな問題を根本的に解決してくれるサービスとして過剰に期待し、予測される成果を実体以上に高く設定してしまうと、大きながっかり感の元となったり失敗を招いたりします。

また営業活動は専門性が高い（ように見える）ことも、失敗を誘う罠になることが多くあります。利用企業が営業活動に対して苦手意識を強く持っていると、利用企業から提供企業に適切な働きかけや要望・要求ができなくなることが発生し、提供企業を過剰に信頼したり放任したりすることにも繋がります。

提供企業は成果を出すためには利用企業の助けを必要としており、提供企業が単独で行うことができる活動は限られます。提供企業が持つ営業活動に対する専門性も利用企業からの適切な支援があって初めて発揮されるものになります。

私たちも営業代行サービス提供会社として、お客様の期待に応えられるよう全力で努力をしなければいけません。しかし、典型的な６つの失敗事例を共有させていただくことにより営業代行サービスに対して正しく期待し正しく活用していただくことにより、営業代行サービスから得られるメリットを最大限享受していただくことができるようになります。

2　失敗事例①／営業のプロに頼んだのだから成果が出るだろう

提供企業はその業界のプロフェッショナルではない

失敗事例の１つ目は、営業代行サービスを営業のプロに頼んだのだから成果が出るだろうと思っていたというケースです。このケースが発生する利用企業には、自社の営業活動に苦手意識を強く持っている企業が多くあります。

営業代行サービス提供企業は、営業活動のプロフェッショナルであるべきだと思います。しかし、営業活動のプロフェッショナルであったとしても、利用企業１社１社が専門的に仕事をしている業界のプロフェッショナルなのかというとそうではありません。

仮に営業経験が豊富な人がいたとしても、ある業界での営業活動を成功するためには製品・サービスについての豊富な知識や業界に関連する専門的な知識が必要になります。営業活動のプロフェッショナルである提供企業に依頼したとしても、提供企業側は製品・サービスに関する知識や業界の知識が十分にはなく、すぐに成果が出せる状態にあるわけではありません。

提供企業はプロジェクト開始からの期間の長短はありますが、そのような製品・サービスや業界に関する専門的な知識をあらためて身につけていきながら、営業代行サービスからの成果を出すことを目指していくことになります。

利用企業側こそがその業界のプロフェッショナル

ではその業界のプロフェッショナルは誰なのかというと、まさに利用企業側こそがその業界のプロフェッショナルなのです。製品・サービスについての深い知識や経験、価格決定の方法、顧客がどのような課題や問題を抱えているのか、サービス提供を行っていく上での障害とそれを解決する方法など、営業代行サービス提供企業とは比べ物にならない豊富な知識を持っています。

またいかに営業活動に苦手意識があるとはいえ、既存顧客への提案を含めて多くの営業活動を行ってきていてそこで多くの受注も獲得しているはずです。いかに苦手意識を強く持っている方でも営業活動について多くの成功事例を持っています。

提供企業側は営業代行サービスにおいて成果を出すため、このような利用企業側の深く豊富な製品・サービス知識や業界知識を教えてもらうことを必要としています。営業のプロに頼んだからといって成果が出るのではなく、営業のプロに自社の持つ知識や経験をたくさん伝えていくことにより、成果が出る確率を飛躍的に高めることができます。

3　失敗事例②／すぐに受注に繋がるだろう

新規商談で即決はされない

失敗事例の２つ目は、営業代行サービスを利用したがすぐに受注に繋がらなかったというケースです。第3章の冒頭で、営業代行サービスの失敗の定義を「支払った費用以上の粗利益を得られないこと」としました。しかし、この定義には「いつまでに」支払った費用以上の粗利益を得られないのかという観点が入っていません。

営業代行サービスを活用する場合、アプローチの手段の多くは電話営業や問い合わせフォーム送信となります。このようないわゆる「プッシュ型」の営業手段で獲得された新規商談は、その場で即決をいただける可能性は5%～10%であることが平均です。受注単価が大きくなればなるほど、さらにその確率は低くなります。

そのためアプローチの営業代行サービスを活用して新規商談に取り組んだり、商談まで行う営業代行サービスを活用して受注を待っていたりしても、3か月や6か月程度では目に見える受注という成果が出てこないことも十分に考えられます。

営業代行サービスからの成果は中期的に見ることが必要

では、営業代行サービス活用からの成果はどれくらいの時期に出てくるものと予測すればよいのでしょうか？　正直なところ2年と申し上げたいくらいですが、それではさすがに長いと言われてしまいますので、1年で成果を判定していただくことをおすすめします。

正しいプロセスが踏まれていれば1年あれば成果が出ることは十分に考えられ、成果が出なければ営業代行サービスの活用はうまくいかなかったと判定していただいてよいと思います。

営業代行サービスは問い合わせ獲得やお客様からのご紹介などの反響営業ではなく、プッシュ型の営業手段を実行するサービスとなります。

このような手段は受注という成果が出るまでに必然的に時間がかかりますので、営業代行サービスの成果判定時期をあらかじめ1年で設定していただくことにより、短期的に受注にならない期間も許容していただくことができるようになります。

4　失敗事例③／自社でもできているのだから成果が出るだろう

アウトソーシングでは再現できない独自ノウハウがあることも多い

失敗事例の3つ目は、自社の営業活動で受注などの成果を出すことができている業務を依頼するので、営業代行サービスでも成果が出ると思っていたというケースです。自社独自で行っている営業活動だけでなく、さらに成果を加速したいため営業代行サービスを活用しようというときに起こりやすい事例です。

このような企業はアプローチや新規商談の方法について深く研究し独自のノウハウを構築していたり、強い営業力を持ったメンバーが営業活動を行っていたりします。しかしながら、このような企業ほど自社の営業力を過小評価していることも特徴で、大して営業力のない自分たちでもできているのだから、営業活動のプロである営業代行サービス提供企業に頼んだらもっと成果が出るだろうという発想を持つようになります。

もちろん提供企業側にとっても、利用企業側が独自で行っている営業活動において成果が出ているということはプラスの情報になります。その成果が出ている方法を提供企業側でも踏襲することにより、短期間で成果を出すことができる可能性は高くなるからです。

しかしこのときに、利用企業側の研究が相当深かったり強い営業力に頼って成果を出していたりするような場合は、提供企業側の人材でも簡単に真似することができない高いレベルにあることがあり、このような状態になると利用企業側と同じような成果を出すことが難しくなります。

前項にも記載をしましたが、業界のプロフェッショナルはあくまでも利用企業側であり、利用企業側がその業界に特化した営業活動の仕組みを構築することに全力で取り組んだとしたら、提供企業側は一般的には多くの業界の営業活動を分散して行っている状態になるので、利用企業側が構築した仕組みや成果を提供企業側で再現できないことは十分に考えられます。

自社の営業活動はどのようなレベルなのか、あらためて客観的に評価をしていただいたり営業代行サービス提供企業に依頼する前によく相談したりして、アウトソーシングで再現可能なのかをよく見極めてから依頼をすることにより、この失敗をするリスクを大きく下げることができます

自社構築にこだわったほうがよい

私たちがこのような企業から相談を受けたときにおすすめしていることは、営業代行サービスを

利用する路線ではなく、もちろん簡単ではないことはわかってはいますが、自社構築にこだわったほうがよいということです。

営業活動に慣れている提供企業のメンバーでも再現できない体制や手段を構築していることは、同業他社に比べても確実に強みと言えるものです。その反面、自社の営業活動を再現してくれる営業代行サービス提供会社を探すことはかなり難しく、その業界に特化して営業代行サービスを提供している企業か、もしくはその利用企業の案件をほぼ専属で取り組めるような提供企業があれば成功する確率はあるかもしれませんが、いずれにしてもそのような理想的な提供企業が見つかることは稀なことになると思います。

そこで時間とコストを浪費するよりは、強みである自社の営業力をさらに確実なものにするため人材採用や人材教育などをさらに強化し、自社構築にこだわっていくほうがよいと考えられます。

5　失敗事例④／新人の営業担当者に商談を行わせて受注を獲得しよう

新規顧客の獲得は重要かつ難しい仕事である

失敗事例の4つ目は、アプローチの営業代行サービスによって獲得される商談を、新人あるいは経験の少ない営業担当者に行わせて受注を獲得しようとするケースです。これはアプローチの営業代行サービスに限っての失敗事例になります。

新規顧客の獲得は重要かつ難しい仕事です。しかし、新規顧客の獲得業務を誰が行うのかということについて、しばしば新人や経験の少ない人に担当させることがあります。この場合、経験豊富な営業マネージャーが行う場合や中小企業であれば社長自身が行う場合に比べて、当然受注件数や受注率は落ちることになります。

新規商談を新人や経験の少ない人に担当させてはいけないというわけではありません。その場合は、そこから予測される成果を営業マネージャーが行う場合よりもマイナス想定しておく必要があります。経験豊富な人と同じ成果を予測すると想定よりも大幅に低い結果になる恐れが出てきてしまいます。

また、第2章で触れました新規商談から契約に至るまでのノウハウ構築や、営業活動からのマーケティング的なフィードバックが弱くなることも想定しなければなりません。

アプローチの営業代行サービスによって商談が獲得できたとしても、新規商談から受注までには長い道のりがあります。そこには業界経験も必要ですし、コミュニケーション能力などの営業技術も必要です。

このような経験や技術は一朝一夕で身につくことはなく、何度も回数を重ねときには失敗もしながら上手になっていくものです。新人や経験の少ない人に新規商談を担当させる場合は想定される成果を低く見ておくとともに、その担当者の営業教育コストも含まれているという考え方で活用をしていただくこともよいと思います。

短期的な成果を求めるなら経営者や管理者が新規商談を行う

アプローチの営業代行サービスから短期的に成果を求めるのであれば、経営者・経営陣・管理者が新規商談を行うことをおすすめします。

私たちの集計では、経営者が行った新規商談と、管理者を含めた経営者ではない人が行った新規商談では、その後の受注率は約2倍の違いがあることがわかっています。しかもその受注率の違いに対して、経営者自身の持つそれまでの営業経験はほぼ関係がないこともわかっています。技術畑出身でそれまでにあまり営業経験がない経営者の方が、経験豊富な営業マネージャーよりも受注率が高いのです。

特に中小企業の場合、通常は経営者がその会社の製品・サービスについて最もよく理解しています。価格決定権も持ちいつでもその場で決めることができますし、商談相手から質問をされても答えがわからないということは基本的には1つもありません。自社の状態も一番よく把握をしていて、何より自社の製品・サービスに対しての思い入れや熱意が抜群に高いものがあります。

このような要因から経営者が商談を行うことが最も受注率が高くなります。営業経験がほとんどなかったり、苦手意識があったりすることから新規商談に出向くことに消極的な中小企業の経営者も多くいますが、前述のように経営者の高い受注率は営業経験と相関性がありません。

自分は営業活動が苦手だと思っていて新規商談に消極的な経営者には、経営者自身が新規商談をされることを私たちは強くおすすめします。

もちろんすべての利用企業で経営者が新規商談を行うことができるわけではありません。それでも短期的な成果を求めるのであれば、営業マネージャーなどの管理者が新規商談を行うことをおすすめします。それでも新人や経験の浅い担当者クラスで新規商談を行っていくということであれば、前述の通り成果予測をマイナス想定しておくことで予測と結果の大きな乖離を防ぐことができます。

6　失敗事例⑤／新規で代理店になったので営業代行サービスを活用しよう

新規代理店になった製品・サービスの営業代行サービスの活用も多い

失敗事例の５つ目は、利用企業がある製品・サービスの代理店契約を結びその拡販を目的として営業代行サービスを活用しようとするケースです。このようなケースでの営業代行サービスの活用例も少なくありません。

もちろん自社開発の製品・サービスではなく代理店契約をしている製品・サービスの新規顧客の獲得を目的として、営業代行サービスの利用をしてはいけないというわけではありませんし、代理店契約をしている製品・サービスの拡販で営業代行サービスを活用して成功している事例も数多くあります。

企業は自社の収益を増やしていこうとする中で、ある製品・サービスの代理店となることがあります。代理店制度を活用することにより自社で同様の製品・サービスを開発することに比べて、圧倒的に開発コストや時間を短縮することができます。

代理店契約を締結しその後のリード獲得などの営業戦術を検討するときに、自社の既存のリソースだけでは不足していることに気づきます。そこで、アプローチの営業代行サービスや場合によっては代理店となった製品・サービスについて商談まで行う営業代行サービスの利用をするというケースもあります。そして、このようなケースは思うような成果が出なかったという失敗事例が多く発生しています。

その製品・サービスにどれだけの思い入れがあるかが重要

代理店となった製品・サービスに対して営業代行サービスを活用する場合、その製品・サービスにどれだけの思い入れがあるかがとても重要になります。ある製品・サービスの代理店になるといっても様々な理由があり、その製品・サービスがとても気に入った、メーカーの理念に共感した、短期的に収益をあげたい、自社の既存の事業とシナジーが見込めるなどの理由が考えられます。

私たちはある製品・サービスの代理店となることの理由は様々なものがあってよいと思いますし、そこによい悪いというものはありません。共通することは、どのような製品・サービスの代理店となっても十分な成果を出すことは簡単ではなく、すべて自社のリソースで営業をする形でも営業代行サービスを利用する形でも、代理店となったことを何としても成功させる、うまくいかないことも必ず起きる中であきらめずに粘り強く取り組んでいくという強い思い入れが必要になります。

前述の失敗事例にも共通することになりますが、ある製品・サービスの代理店となり、それに対して営業代行サービスを依頼した段階で、売上があがったと思ってしまう人がいます。そして思うような成果が出ない状況にも直面するのですが、そこでの思い入れの強さによって、どうにかして打開をしようと対策を立て続けるか、その取り組みが弱くなりあきらめてしまうかによってもちろん結果は大きく変わってきます。

自社が開発・提供する製品・サービスに比べて、代理店となった製品・サービスに対しての思い入れが弱くなることは自然なこととも言えます。代理店契約をした製品・サービスの営業代行サービス活用にはこのような失敗事例があることを認識した上で営業代行サービスの検討をしていただくことにより、失敗する確率を下げることができます。

7　失敗事例⑥／営業代行サービスを活用して、現在の苦境を挽回しよう

短期的な特効薬にはならない

失敗事例の６つ目は、企業として苦しい時期にあるときに営業代行サービスを活用して挽回しようとするケースです。これは、営業代行サービスの性質からおすすめする活用方法ではありません。

このようなことを申し上げると、営業のプロなのに何を頼りないことを言っているのかと思われ

るかもしれません。しかし、営業代行サービスの活用ということも含めて様々な営業的な施策は、苦境を挽回しようとする時期には適切な方法ではありません。

なぜなら、営業的な施策は効果が発揮されるまで時間がかかります。自社の営業力強化においても営業代行サービスの活用においても、その効果が確認できるまでは早くても半年、通常は1年かかります。これは人間で言えば食生活の改善や筋力トレーニングに似ていて、短期的には効果はあまり確認できず継続していると中長期的にじわじわと効果が実感できるようになります。

もし今すぐに取り除きたい激しい痛みがあるのであれば、食生活の改善や筋力トレーニングの前に、特効薬を用いた治療や場合によっては外科的な手術も必要かもしれません。営業的な施策はこのようなものと異なり短期的に効果が確認できるものではなく、苦境における劇的な収益改善を期待すると期待値と大きく乖離する結果になります。

もし苦境にあるならば、資金調達や人脈営業を先に考える

もし現在何かの理由で企業として苦しい状況にあるのであれば、私たちは営業代行サービスの活用はおすすめしません。何かしらの資金調達手段を講じて短期的なキャッシュフローを得るか、もし営業活動をするのであれば営業代行サービスを活用した新規顧客の獲得を目指すのではなく、既存の繋がりを活かした人脈営業を優先して行うべきです。

通常の新規開拓営業では、営業活動を行う側の企業が収益的に苦しい状況にあるかどうかは、営

業活動を受ける側にとってはあまり関係がありません。むしろそれどころか、収益が苦しいことから受注を獲得することに対して焦りなどが見えると、そのような企業の提案を受ける側は不安を覚えることが自然ですのでマイナスに働くことになります。

しかし既存の繋がりのある企業であれば、誰でも収益的に苦しいときはある、苦しいときはお互い様であるとして、そのような状況を理解して発注をしてくれる企業もあるはずです。もちろん誰に対してでもできることではありませんが、時には苦しい状況であることを素直に話し、誠実に仕事を行うことをしっかりと約束し、頭を下げて仕事をいただけないかとお願いすることが必要なときもあります。

苦境にあるときは営業代行サービスを活用するよりも、このような活動のほうがはるかに短期的に大きな成果を上げることができます。

時にはこのような活動や取り組みも行い、中期的にある程度の収益が見込めるようになったときにあらためて、自社の営業力強化のために営業代行サービスの活用を検討していただければよいと思います。営業代行サービスはこのような適切な目的や期間で活用されるときに、最も大きな効果を発揮することになります。

8　第３章まとめ

営業代行サービス活用の「失敗」とは、提供会社に支払った費用以上の粗利益を得ることができないことと定義をしました。そのような状況に陥らないためにも、典型的な失敗事例を知っていただきそれを回避していくことが重要です。

本書では営業代行サービス活用の失敗事例について、次の6つをあげています。

失敗事例①／営業のプロに頼んだのだから成果が出るだろう
失敗事例②／すぐに受注に繋がるだろう
失敗事例③／自社でもできているのだから成果が出るだろう
失敗事例④／新人の営業担当者に商談を行わせて受注を獲得しよう
失敗事例⑤／ある製品の代理店になったので営業代行サービスを活用しよう
失敗事例⑥／営業代行サービスを活用して、現在の苦境を挽回しよう

それぞれの失敗事例を冷静に見ていくと、どれも事前に回避することは十分に可能なものであると考えられますが、なぜ冷静さを失ってしまいこれらの要因で失敗してしまうのかというと、新規顧客の獲得という仕事があまりにも重要であるため営業代行サービスに対する期待値を限界以上に高くしてしまうことや、新規開拓営業という仕事は専門性が高く難しい仕事のように見えやすいことがあげられます。

営業代行サービスをこれから初めて活用していただく方でも、過去の典型的な失敗事例を知っていただくことにより、失敗することを回避することは十分可能です。まずは失敗を回避するための施策を打っていただき、有効な営業代行サービス活用をしていただければと思います。

第4章

営業代行サービス活用から大きな成果をあげた5つの成功要因

1 営業代行サービス活用における「成功」とは

支払った費用を大幅に上回る粗利益を得られること

第3章では営業代行サービス活用の典型的な失敗事例を紹介しましたが、第4章では営業代行サービスを活用して大きな成果をあげた成功要因を5つご紹介していきたいと思います。

第3章では「失敗」の定義をしましたが、第4章でも「成功」の定義をしていきたいと思います。営業代行サービス活用の成功は、支払った費用を大幅に上回る粗利益を得られることとしたいと思います。「大幅に上回る」という表現が曖昧ですが、イメージとしては何割増しということではなく5倍、10倍というような大きさで成果を得られるということです。

営業代行サービスの活用をして、かけた費用以上の粗利益を得ることができたのであれば、第3章の内容からも失敗とまでは言えません。しかし、営業代行サービスの導入を検討していただくときには、かけた費用を少し上回る粗利益が欲しいわけではなく、できるならば大きな成果を出したいと考えて導入を決めていただくものであるとも思います。

新規顧客の獲得という仕事は根本的にはポジティブなものであると思います。自社の製品・サービスが新たな企業に導入されることはとても喜ばしいことであり、そのような計画を立てるときには本来は前向きで積極的な計画を立てたいものです。

第3章で紹介した典型的な失敗事例を踏襲しないようにすることで、営業代行サービスの活用において失敗する確率は大幅に下げることができます。しかし、失敗をしないことと成功をすることはもちろん異なります。第4章では成功した要因を見ていただき、大きな粗利益を得ることを目指して具体的な行動にも移していただければと思います。

業種や手段を越えた成功要因をご紹介

第4章では、営業代行サービスの５つの成功要因とそれが要因となって成功した具体的な事例を2例ずつご紹介していきたいと思います。そしてその５つの成功要因は、業種や手段（電話営業なのか問い合わせフォーム送信なのか、アプローチの営業代行サービスなのか商談まで行う営業代行サービスなのか）を越えて、共通する成功要因をご紹介できればと思います。

第1章、第2章でも触れましたように、営業代行サービスには様々なサービス体系や料金体系がありますが、共通するところとしてはどこかのプロセスで業務費が発生するサービスであり、専門知識の補充を含め利用企業側の協力がなくては成り立たないサービスであり、何かしらのアナログ手段を提供企業側の人の手で実行するサービスです。

営業代行サービス活用の成功要因には、このような営業代行サービスの根本的な原則や性質に対して的確かつ力強く働きかけている事例が多くあります。ぜひ営業代行サービス活用から成功という結果を得るために活用していただければと思います。

2　成功要因①／中長期視点を持った営業代行サービスの戦略的活用

3年～5年を見据えて営業代行サービスを活用する

営業代行サービス活用の成功要因の1つ目は「中長期視点を持った営業代行サービスの戦略的活用」です。具体的には3年～5年を見据えて、より本格的に営業代行サービスを活用していただくことにより、大きな成果を出すことができた事例を2つご紹介します。

第3章の失敗事例②でも紹介しましたが、営業代行サービスを活用したからといってすぐに成果が出るわけではなく、成果が確認できるまでに最低でも1年は待っていただきたいということです。しかし、これはあくまでも営業代行サービス活用が失敗とならないためにという意味合いが強いものになります。

それに対してここで成功事例としてご紹介する2つの事例は、営業代行サービスを3年～5年という中長期視点を持って活用して大きな成功を収めた事例となります。ただ単に営業代行サービスを活用するだけではなく、製品・サービス戦略や組織戦略と連動させ、よりダイナミックに営業代行サービスを活用しています。

もちろん営業代行サービスの活用は目的ではなくあくまでも手段の1つです。営業代行サービスを活用するために製品・サービスを考えたり組織を構築したりする必要はありません。

しかし、３年~５年を見据えて取り組んでいこうとしている製品・サービスを持っていたり組織課題を抱えていたりするのであれば、営業代行サービスはもともとの性質から短期的な成果ではなく中長期的な成果を出すことに向いているサービスなので、営業代行サービスを活用して事業全体・組織全体で整合性や一貫性を持って戦略的に課題解決に取り組んでいくことも可能になります。

中長期視点を持って活用することにより、営業代行サービスにはどこまでの力や可能性があるのかをご覧になっていただければと思います。

Ｗｅｂコンサルティング・制作業の成功事例

株式会社Ａ　Ｗｅｂコンサルティング・制作業　社員数15名
アプローチの営業代行サービス活用による商談提供数合計　約５００件
営業代行サービス活用からの粗利益合計　約1億円

中長期視点を持った営業代行サービスの戦略的活用における成功事例の1つ目は、株式会社Ａ（Ｗｅｂコンサルティング・制作業）の事例です。ＡはＷｅｂサイトのコンサルティングから制作・運用支援を行い、クライアント企業の売上増加、問い合わせ増加、認知度向上、企業価値向上等に寄与するサービスを提供しています。

Aは従来、お客様からの紹介を主として新規顧客を増やしていきましたが、お客様からの紹介は時期や件数が安定しないため計画的な新規顧客の獲得が常に課題となっており、アプローチの営業代行サービスの導入に踏み切りました。

Aは新規顧客の増加のためにアプローチの営業代行の導入を長く検討していましたが、実行しなかったのは営業代行サービスの性質と社内の組織的なリソースにミスマッチがあると感じていたからでした。

今までは社長ともう1人の役員で営業活動やディレクションを行い、それ以外のメンバーは制作やコーディングを担当するという社内体制であったので、お客様からのご紹介で既にAに発注を決めているような企業とのやり取りであればよいのですが、営業代行サービスを活用して中長期的な見込み客が増えても、社長ともう1人の役員だけでは、十分な提案活動やフォローができないという課題がありました。

そうかといって営業担当者の採用を試みたとしても、優秀な人の採用ができるかどうかもわからず、採用したとしてもその人が長く定着して仕事ができる保証もありません。

そのような課題を抱える中でAが取った方策は、営業代行サービスを導入し中長期的な見込み客を増やしていくことと、提案活動やフォローを人の能力に頼らずに社長や役員の方が行う方法を定型化・仕組み化をすることでした。提案活動やフォローをすることを人の能力に頼らず、ある程度最低限の能力や意欲を持っている人であれば、提案活動やフォローを行い受注まで繋げていける仕組みを構築しようというものでした。

このような施策を行っていくということを私たちが聞いたときは、「本当にそのようなことができるのだろうか？」ということと「できるとしても相当な時間がかかるのではないか？」と感じましたが、「このような体制をつくっていくことを少なくとも3年かかると思っている。中長期的なニーズの商談でも構わないので、積極的に商談を提供してほしい」という要望でした。

営業代行サービスの活用開始から2～3年経つと、Aはアプローチの営業代行サービスから提供された商談からコンスタントに受注を獲得するようになっていきました。そして、その営業活動を実行しているのは、前職まではＷｅｂコンサルティングの経験もなく、Ｗｅｂサイトやインターネットについてもあまり詳しくないところからスタートをしているような担当者でした。

Ａの社長や役員の方が行っているＷｅｂに関する考え方や提案方法をいくつもの工程に分解し、時間をかけて1つひとつ身につけていったことによる成果でした。

このようなリソースを社内で構築できたことにより、営業代行サービスで獲得できるアポイントから受注に至るまでのプロセスが計算できるようになり、継続的かつ安定的な新規顧客の獲得ができるようになりました。

営業代行サービスの活用から獲得できる見込み客は中長期的なニーズを持つ企業が多いこと、このような企業への提案やフォローの仕組みをこちらも中長期的な視点で構築をしていったこと、営業代行サービスの性質を十分に理解し中長期的視点を持って活用に成功した事例となります。

省エネ設備設計・施工業の成功事例

株式会社B　省エネ設備設計・施工業　社員数500名
アプローチの営業代行サービス活用による商談提供数合計　約250件
営業代行サービス活用からの粗利益合計　約1・5億円

中長期視点を持った営業代行サービスの戦略的活用における成功事例の2つ目は、株式会社B（省エネ設備設計・施工業）の事例です。Bは主に製造業工場、病院、介護施設などのエネルギー（主に電気）の大口需要家に対して、エネルギーコスト削減、CO_2削減の設備設計から施工まで行っている会社です。

地球温暖化の影響からCO_2削減の必要性が世界的に叫ばれて久しくなりますが、日本全体としても継続的なCO_2削減が必要となっています。特にエネルギーの大口需要家は毎年継続的なエネルギーコスト削減やCO_2削減が義務化されており、事業者独自の取り組みではそれに対応していくことが難しいため、株式会社Bのような専門企業の支援が必要となります。

Bもこのような社会情勢があるため、省エネ設備設計・施工の事業は中長期に渡って成長が見込めると考えて力を入れて取り組んでいます。省エネ設備設計・施工の特徴は、1つひとつの受注金額が平均数千万円という大きな金額となること、国が定める省エネ関連の法律の動向や各種の補助金の申請などもあることから、提案期間が年単位になることも珍しくないことがあげられます。

Bは、このような必然的に中長期スパンとなる事業の性質と営業代行サービスを活用したリードの獲得は相性がよいと考えました。そして、先ほどもあげた製造業工場、病院、介護施設を主なターゲット業種として、アプローチの営業代行サービスの活用を開始しました。

Bが要望したアポイントの内容は、企業規模や拠点数、相手施設の築年数、保有設備など、省エネ設備設計・施工の仕事が発生すると考えられる条件をある程度細かく設定しました。これにより、最終的にいかに総施工金額の１／３や１／２の補助金を活用するとはいえ、数千万円規模の施工金額になる案件の対象外となる企業の商談獲得を避けるための設定を行いました。

しかしBの営業代行サービス活用で優れていた点は、省エネ設備の設計・施工が発生する可能性がある期間を事実上無期限に設定したことでした。

前述の企業規模、築年数、保有設備などの条件が揃っているのであれば、相手がいつの時期に省エネ設備設計・施工が発生するのかはアポイント獲得時点では条件を設けませんでした。「今年案件が発生することはないと思っているし、来年に提案ができればラッキーくらいに思っている。私たちは今から3年後の見込み客を獲得したいと思っているから、時期的なものは気にせずアポイントを獲得してほしい」ということを、Bの担当者は打ち合わせでもよく言っていました。

これにより、提供企業側も満たす必要がある商談条件の確認を絞り込むことができ、月に10件～15件のアポイントの提供をコンスタントに行うことに成功しました。

今すぐに予定がなくても、昨今の社会情勢から条件の揃った企業であれば必然的にエネルギーコスト削減、CO_2削減の必要性が発生してきます。

初回商談で今すぐのニーズがなかったとしてもしっかりとフォローをしていれば、年単位で考えれば必ず有力な見込み客が積みあがってくるということがBの見立てであり、実際にもその状況が発生し営業代行サービスの活用から3年目には、サービス活用からの粗利益が約1・5億円（粗利益を30％とすると、総施工金額は約4・5億円〜5億円）にのぼっています。

さらに見込み客が積み上がっている状態は現在も続いており、エネルギーコスト削減の必要性は増していることからも今後さらなる受注が増えることはほぼ約束されている状態となります。

事業の性質と営業代行サービスとの相性のよさをプロジェクト開始前から見抜き、3年〜5年を見据えて力強く営業代行サービスを活用し大きな成功を収めた事例となります。

3　成功要因②／自責の念を強く持った営業代行サービスの活用

利用企業側の強い意志を持った営業代行サービスの活用

営業代行サービス活用の成功要因の2つ目は「自責の念を強く持った営業代行サービスの活用」です。提供企業に依存することなく利用企業が強い意思を持って営業代行サービスを活用し、大きな成果を出すことができた事例を2つご紹介します。

特にアプローチの営業代行サービスの活用時において、利用企業から「アポイントを取ってくれたらあとはこちら側の責任ですよね」という言葉をいただくことがあります。

アプローチの営業代行サービスなので、アプローチまでは提供企業が実施、初回商談からは利用企業が実施なのでもちろんこれは正しい言葉になるのですが、実際にはそれぞれは切り離せず密接に結びついているものになります。

提供企業は利用企業の商談がうまくいく可能性が高い商談を常に提供するように努力しなければいけませんし、利用企業は商談の内容を提供企業にフィードバックし、よかった点や改善点を伝えることによりさらに内容のよい商談の獲得に繋がっていくという関係性があります。

営業代行サービス利用企業の多くはこのような取り組みを行っていて、提供企業と一定の信頼関係を持って営業代行サービスを活用しています。そして、ここでご紹介する２つの成功事例は、提供企業側からさらに強くその信頼関係を構築することを働きかけて成果を出すことができた事例となります。

もちろん提供企業側の立場としては、今回ご紹介する２つの事例のような利用企業側からの働きかけをお願いするものではありません。

このような利用企業側からの働きかけがなくても、提供企業としてしっかりとサービス提供を行わなければいけません。

今回は提供企業側からの働きかけによって、ここまで大きな成果が出ることもあるということをご覧になっていただければと思います。

建築塗装業の成功事例

株式会社C　建築塗装業　社員数10名
アプローチの営業代行サービス活用による商談提供数合計　約1500件
営業代行サービス活用からの粗利益合計　約4億円

自責の念を強く持った営業代行サービスの活用における成功事例の1つ目は、株式会社C（建築塗装業）の事例です。Cは主にアパート・マンション、工場、倉庫、各種施設などの外壁ならびに屋根などの建築塗装や修繕工事を行う会社です。

Cは従来、建築塗装の仕事を主に建設会社からの下請けで受注をしていました。下請け仕事なので利益は少なく納期もタイトな仕事が多かったのですが、それなりに安定した受注を受けて8名ほどの自社職人を含め10名程度のメンバーで経営をしていました。

そこに襲ってきたのが2008年のリーマンショックでした。リーマンショックと呼ばれるものが起きたときは何が起こったのかわからずにいましたが、リーマンショックから半年ほど経った頃から自社への影響が目に見えてわかるようになりました。

元請けの建設会社からの仕事がほぼ全く出なくなってしまったのです。仕事はどうでしょうかと建設会社に聞いても、うちも仕事がなくて困っていると言われるだけで、それ以上どうすることもできませんでした。

Ｃが営業代行サービスというものを知ったのもこのときでした。知り合いの建築塗装業の社長のところに、何とか仕事を分けてもらえないかと頭を下げに行ったときに、うちも苦しいから難しいと言われたことの替わりに教えてもらったのが営業代行サービスの存在で、苦しいのであればそれを活用して、自ら仕事を獲得しにいってみてはどうかというものでした。

さっそく営業代行サービスの会社に問い合わせ、アプローチの営業代行サービスの導入を決めました。今まで建設会社の下請けでしか仕事をしたことがなかったので、どのように営業活動をすればいいのか全くわかっていない状態でもあったのですが、現状維持からの未来はないことも明白だったので、とにかく新しいチャレンジをすることに決めました。

同様の境遇や理由から営業代行サービスの活用を始める企業は他にも多くあるのですが、ここからＣが営業代行サービス活用の成功を収められた一番の大きな要因は、一貫した強い自責の念を持った営業代行サービスの活用でした。

一般的に下請け仕事をメインにしてきた企業は営業活動をする力が強くありません。下請け仕事の場合、アプローチ・ヒアリング・提案・見込み客フォロー・新規受注というような営業活動のプロセスを踏む必要がなく、このような能力をつけたり経験を積んだりするのは多くの時間がかかるものです。

しかし、下請け仕事を多く行っている企業の多くがこのような営業する力が弱いと自覚していないことも確かで、営業代行サービスの活用からもたらされる商談も、普段の下請け仕事と同じようにスムーズに受注が決まっていくものだと錯覚してしまいます。

そして、直接仕事を受注するというハードルの高さを知ることになり、営業代行サービス活用からの新規顧客の獲得をあきらめてしまいます。

Cは営業代行サービス提供企業に「受注ができないのは100%我々の責任なので、受注に繋がらなくても積極的に商談を提供してほしい」と言い続けていました。

実際に営業代行サービスの活用から1年は目立った受注の獲得はできませんでしたが、2年目以降からその熱意と意欲が花開き、営業代行サービスの活用開始から3年目には下請けの仕事と直接受注した元請けの仕事の量が逆転しました。

Cの変化を表す1つのエピソードとして印象に残っていることは、営業代行サービスを活用して受注が出始めたときに、もともと100%の仕事を行っていた建設会社から仕事を行ってほしいという連絡がありましたが、直接受注をしていた仕事で職人が埋まってしまっていたため、その建設会社からの仕事を初めて断ったということがありました。

Cの自責の念を強く持った営業代行サービスの活用は、営業代行サービス提供企業側にも波及しました。このような強い意欲を持ち、成果が出ないことは提供企業側の責任は一切ないと言い切るその姿勢に、何としても成功させなければいけない、必ずよい商談を提供しなければいけないとCのプロジェクトに関わるメンバー誰もが考えていました。

Cの自責の念を強く持った営業代行サービスの活用が、提供企業側も巻き込み大きな成功を収めることができた事例となります。

太陽光発電システム販売・施工業の成功事例

株式会社Ｄ　太陽光発電システム販売・施工業　社員数15名
アプローチの営業代行サービス活用による商談提供数合計　約３００件
営業代行サービス活用からの粗利益合計　約３億円

自責の念を強く持った営業代行サービスの活用における成功事例の２つ目は、株式会社Ｄ（太陽光発電システム販売・施工業）の事例です。Ｄは再生可能エネルギーの中でも代表的な発電方法である太陽光発電の販売・施工を行う会社です。

太陽光発電そのものは数十年前からあるものですが、２０１１年の東日本大震災が大きなきっかけとなり、再生可能エネルギーの必要性が叫ばれるようになり以前よりも注目を浴び普及も加速的に進みました。

２０１０年代前半から中盤にかけての太陽光発電の普及方法は、いわゆる売電方式が大きな原動力になりました。広大な土地や建物の屋根に太陽光発電システムを設置し、発電される電力をその場所で使うのではなく電力会社に販売するというものでした。

そして、その販売価格は当初は40円台／kWと高額で、その販売価格は20年等の据え置きが約束されているため、多くの事業者が売電方式の太陽光発電事業に参入し、太陽光発電システムが設置できる土地の獲得合戦が全国各地で展開されました。

しかし当初40円台で始まった売電方式も、太陽光発電の加速的普及と共に年々その売電単価は安くなり、数年後には10円台前半まで減少しました。それに伴い注目を集めたのが、同じ太陽光発電システムでも売電方式ではなく自家消費型太陽光発電方式でした。

自家消費型太陽光発電方式とは文字通り、発電した電力を発電者自身で活用するというもので、太陽光発電にあまりなじみがない人からすると、わざわざ「自家消費型」と書かれることに違和感があるのですが、これは前述のように太陽光発電の設置は売電方式が通常であったため、それと区別するために「自家消費型」という言葉をつけて表現をするようになりました。

売電方式による販売単価が当初よりも大幅に安くなったので、発電した電力を電力会社に販売するよりも自分で使って電気代を下げた方が得になる、ということが起きるようになりました（政府や電力会社は自家消費型太陽光発電方式を推進したいために売電単価を安くしていく政策を取った、と言うこともできます）。

Ｄの成功事例の紹介のための前置きが長くなってしまいましたが、このような太陽光発電を巡る政府や電力会社の政策は、当然太陽光発電システム販売・施工会社の経営戦略に大きな影響を及ぼしました。

Ｄも当初は大規模な売電方式の太陽光発電システムの設置を目指し、全国の不動産業や地主の元に営業活動に訪れ、太陽光発電システムを設置できる大規模な土地を一生懸命探していました。

しかし売電単価が減少していく中で、自家消費型太陽光発電への転換をいつ行うのかという経営判断を迫られることになります。

売電型の太陽光発電システム事業と自家消費型の太陽光発電システム事業は、太陽光発電というところは同じですが、アプローチするターゲット先や営業手法、太陽光発電システムを設置する技術などは別物と言ってもよく、数年に渡って築いてきた売電型の太陽光発電システム事業の社内体制も、自家消費型太陽光発電システム事業に転用できるところは多くありませんでした。

また、自家消費型は建物の屋根に設置をする形態がほとんどで、広大な土地に設置をする売電型と比べ１件１件の案件規模が小さくなります。同じ労力をかけて案件の受注をしても受注規模が小さいので、メリットは少ないのではないかという自家消費型への懐疑派が社内でも多く、Ｄの社長も外から何か大きな力を加えなければ自家消費型への転換は難しいと考えていました。

Ｄはそのような中で、アプローチの営業代行サービスの導入を開始しました。自家消費型の太陽光発電システムの設置を目指し、製造業工場、物流倉庫、病院、介護施設などへのアプローチを行いました。社内の営業担当者は引き続き売電型の太陽光の仕事で多忙となっていたため、その新規商談は社長自身がすべて行いました。

また案件の受注に繋がっても、社内の施工体制も基本的には売電型の太陽光発電システムの設置を行うために構築されていたため、利益を減らしてでも他の自家消費太陽光発電システムの施工を得意としている会社に発注しました。自家消費型の太陽光発電システム事業は社長1人で営業から施工管理まで行い、1人でこの新しい事業を立ち上げていきました。

いかに社長とはいえ社内でこのプロジェクトに取り組んでいるのが1人ですので、その継続には当然ながら相当な意思の強さが必要であったと考えられます。しかし、売電方式だけ行っていては会社の未来がない、自家消費型もできるようにならなければいけないという意思の強さを提供企業側としても常に強く感じました。

この取り組みを始めて数年が経ちましたが、予想されていた通り売電型の太陽光発電システムの件数は大幅に減少し、自家消費型太陽光発電システムの件数が増えています。当初は社長の1人事業部でしたが、現在は少しずつ社内体制の自家消費型への転換が進み、激動の業界の中で毎年堅調な利益を出しています。

事業の転換をしなければ未来はないという社長の強い意志で営業代行サービスの活用を開始し、そして数年に渡ってその意思を持ち続けていく。利用企業側の強い意志を持って営業代行サービスの活用に成功した事例となります。

4　成功要因③／営業代行サービス提供企業への十分な情報・知識共有

提供企業は利用企業の持つ専門的な知識を必要としている

営業代行サービス活用の成功要因の３つ目は「営業代行サービス提供企業への十分な情報・知識共有」です。提供企業に十分な情報共有・知識共有を行うことにより、大きな成果を出すことができた事例を2つご紹介します。

第3章の失敗事例①でも述べましたが、提供企業は営業活動のプロフェッショナルであるべきだと思いますが、利用企業が事業を行う業界の専門家ではなく、提供企業が営業代行サービスで成果を出すためには、利用企業の持つ専門的な知識を必要としています。

しかしここで、このテーマにおいて現場でよく聞かれる言葉があります。それは「営業活動をしてもらうにあたって、ここまで専門的な知識までは必要ないですよね?」「あんまり専門的なことを言い過ぎると実行する人が受け止めきれないですよね?」というようなものです。

このような考え方が働くと、利用企業から提供企業への専門的な知識の共有が十分に行われず、結果として営業代行サービス活用において望む成果に繋がらない可能性が出てきてしまいます。

私たちもお客様から同様のことを言われたりするのですが、私たちからは営業活動の現場で使うかどうかは別として、できる限り深いところまで製品・サービスや業界について教えてほしいということをお願いしています。

確かに特にアプローチの部分においては、１００％知ったことをすべて話したり使ったりすることはないのですが、仮に20％しか使わなかったとしても、１００％知っているうちの20％を使うのか、20％しか知らないものを20％使うのかでは、そのアプローチの精度には大きな差が生まれます。

もちろん利用企業の持つ専門的な知識は本当に専門的なことも多く、提供企業側はその提供を求めるのであればしっかりと受け止め、理解し、そして活用をしなければいけません。提供企業側の理解力も試されるところではありますが、それが噛み合ったときにどのような効果が生まれるのかの事例を２つご覧になっていただければと思います。

省エネコンサルティング業の成功事例

株式会社Ｅ　省エネコンサルティング業　社員数３名
商談まで行う営業代行サービスの活用期間　36か月
営業代行サービス活用からの粗利益合計　約２億円

営業代行サービス提供企業への十分な情報・知識共有における成功事例の１つ目は、株式会社Ｅ（省エネコンサルティング業）の事例です。成功要因①であげたＢと同じ業界で仕事をする会社ですが、Ｂは組織力を活かして設計から施工まで行うことに対して、Ｅは少数精鋭の専門家集団で製造業、病院、介護施設等に対してエネルギーコスト削減のコンサルティングやアドバイスを行っています。

Ｅは社長自ら商談を行いますが、省エネコンサルティングの仕事は1件の受注が決まると数カ月にわたって膨大な現地調査や書類作成が発生します。そのためその間は新しい商談のスケジュールを設定することが難しく、１つの仕事が終わると次の案件がない状態になってしまう、ということが営業的な課題でした。

そこで、社長がお客様のコンサルティングに入っている間にも新しい案件の発掘を同時に行うことができることを目指し、商談まで行う営業代行サービスの活用をすることにしました。しかし、実施の前から大きな課題として立ちはだかると考えられたことは、省エネコンサルティングの分野は数多くの専門知識を必要とすることでした。

Ｅは営業代行サービス提供会社のメンバーに対して、積極的かつ数多くの省エネ分野に関する研修や勉強会を行いました。照明、空調、建築資材、太陽光などの各分野の製品知識から、省エネに関する経産省、国交省、環境省から出ている各種の補助金について、省エネ案件を受注するための営業トークから提案のポイントまで、相当の時間を惜しみなく使って行いました。

提供会社のメンバーも営業活動には慣れていますが、省エネコンサルティングの分野は専門家ではありません。しかし、Ｅから教えてもらう専門知識を少しずつ商談で活用していくと、しだいに商談相手の担当者との会話も組み立てられるようになり、プロジェクト開始から半年程度で商談相手よりもこちら側の知識量が上回り、有効な情報提供ができる商談も少しずつ増えていきました。

省エネコンサルティングの仕事は、1件受注できればその多くが数千万円の売上になります。商談まで行う営業代行サービス開始から2年目には年間で数件の受注に繋げることができるようになりました。

営業代行サービス提供企業は、営業活動のプロではあってもその業界のプロではないということをしっかりと理解し、専門知識の提供を行うことを徹底したことによる事例となります。

ＩｏＴデバイス開発業の成功事例

株式会社Ｆ　ＩｏＴデバイス開発業　社員数１００名
アプローチの営業代行サービス活用による商談提供数合計　約１００件
営業代行サービス活用からの粗利益合計　約1億円

営業代行サービス提供企業への十分な情報・知識共有における成功事例の2つ目は、株式会社Ｆ（ＩｏＴデバイス開発業）の事例です。様々な分野でＩｏＴデバイスの開発を行っていますが、その中で営業代行サービスを活用したのは製造現場の生産効率を向上させることを目的とした数値測

定を行うためのＩｏＴデバイスの分野でした。

Ｆの販促方法は、従来は主に展示会に出展する方法を活用していました。各業種でＩｏＴを取り上げる展示会の開催も活発であったのでそれを最大限活用していましたが、新型コロナウィルスの影響で展示会の中止・延期・規模縮小が相次ぎ、新たな販促手段の模索をせざるを得ない状態となりました。

そこで白羽の矢が立ったのが営業代行サービスの活用なのですが、営業代行サービスの活用の検討段階からの懸念材料は、専門の会社ではない人がＩｏＴデバイスについて理解することができるのだろうかということでした。

事実として何社かの営業代行サービス提供会社に問い合わせて話を聞きましたが、自社の製品・サービスについて紹介をしたときには、提供会社の営業担当の知識が追いつかず十分に理解をすることができていないことが明らかにわかることも多くありました。

そこでＦは営業代行サービスを活用するにあたって、自社のデバイスを営業代行サービス提供会社に貸し出して、提供会社の現場で使ってもらい理解を深めてもらうことを発案しました。製造業の現場改善のために開発されたデバイスですが、製造業でなくても様々な業務改善を目的として活用することができ、提供会社にその製品の使い方を教えて現場で動かして使ってもらうことにより、製品・サービスに関しての知識をつけてもらうことを行いました。

提供企業側も現場にＩｏＴデバイスを設置して色々な数値測定を行ってみて、もちろん製造業とは全く業務は異なるのですが、このＩｏＴデバイスを使うと人の行動の数値測定ができその数値を解析ツールにかけると業務の見える化や改善ポイントが浮かび上がることがわかりました。

この経験を基にして電話営業を行うことにより、電話の中でＩｏＴデバイスの使い方や効果をより具体的に訴求することができるようになり、営業代行サービスの初動から有効なアポイントの獲得に成功しました。

利用企業が開発している製品・サービスが、提供企業自身がユーザーになり得る場合は提供企業に実際に使ってもらうことによって深い知識共有を行うことができる、その事を最大限に活かした事例となります。

5　成功要因④／営業手段の特徴を熟知した営業代行サービスの活用

営業手段にはそれぞれの特徴がある

営業代行サービス活用の成功要因の４つ目は「営業手段の特徴を熟知した営業代行サービスの活用」です。営業代行サービスにおいて一般的に採用される電話営業や問い合わせフォーム送信の特徴を最大限に活かすことにより、大きな成果を出すことができた事例を２つご紹介します。

ＢtoＢの営業活動において、ターゲットに対するアプローチ手段はアナログ手段からデジタル手段も含めて大きく分けて約10種類あり（詳細は第６章を参照）、それぞれの営業手段には長所・短所を含めた特徴があります。

１つの営業手段を上手に使いこなすためにはその特徴を十分に理解し、長所を最大限活かし短所が顕在化しないようにして活用をしていく必要があります。

電話営業や問い合わせフォーム送信も約10種類ある営業手段のうちの１つとなりますが、もちろん電話営業や問い合わせフォーム送信にも長所・短所を含めた特徴があります。

電話営業の長所は、何と言ってもアプローチするターゲットを１００％自分で決めることができることです。業種・エリア・企業規模などのターゲット選定軸をすべて自由に決めることができますので、アプローチをしたい企業だけにアプローチをしてアプローチをしたくない企業にはアプローチをしなければ、望まない企業との商談になることもありません。

また電話営業はコール数やコール時間など商談となるまでの中間のＫＰＩや行動目標を組み立てやすく、自らの行動の積み重ねによって成果を出しやすいことも特徴です。

中企業（社員数50名～３００名）や中堅企業（社員数３０１名～９９９名）などの組織だった企業へのアプローチに向いていて、第1章で触れたように主に無形商材・提案型のアプローチに力を発揮します。

電話営業の短所は、営業手段の中では継続していくことに対して精神的・肉体的負担が大きいことがあげられます。また、電話営業から獲得される商談は、他の手段から獲得される商談に比べて商談数に対する受注確率が低く、受注までの期間も長くなることが特徴です。

しかし、これは電話営業という手段を想像していただくとある意味自然なことでもあり、この短所を逆に活かして自社の大きなメリットに変えていくことは十分に考えることができます。

問い合わせフォーム送信の長所は、多くの企業に対して短期間で自社の製品・サービスの案内・訴求をすることができます。また、類似する手段と言えるＦＡＸＤＭや直メールに比べて送信先の認知率や開封率が高いことがあげられ、郵送のＤＭに比べると圧倒的にコストが安くなります。

中企業や中堅企業へのアプローチも行うことができますが、電話営業では苦手としている小企業（1名～49名）へのアプローチにも向いていて、サービス提供エリアを問わない製品・サービスを持っている企業にとっては力強い営業手段になります。

問い合わせフォーム送信の短所は、一般的には約５００文字程度の文章によって自社の製品・サービスを訴求し、その文章にリンクされている自社のＷｅｂサイトに誘導をする形になるため、成果を得られるかどうかが製品・サービスそのものの力やＷｅｂサイトの質に大きく依存します。

電話営業においては、電話をする人が相手と電話口で話す場面があり、そこでその人自身の知識や経験を活かし相手に合わせてトークをして、時には熱意のようなものも伝えて商談に結び付けていくこともできますが、問い合わせフォーム送信はこのような場面がないため、問い合わせフォーム送信で送られる文章やＷｅｂサイトの内容から製品・サービスそのものを評価されることになります。

これももちろん問い合わせフォーム送信という手段を考えれば自然なこととなりますので、このような短所を顕在化させないように活用することは十分に可能です。

これからご紹介する2つの事例は、これら手段の特徴を十分に理解し活用することによって大きな成果をあげた事例になります。特にそれぞれの手段の短所とどのように付き合っていくのかに特徴がありますので、その点にも注目してご覧になっていただければと思います。

ソフトウェア開発業の成功事例

株式会社Ｇ　ソフトウェア開発業　社員数50名
アプローチの営業代行サービス活用による商談提供数合計　約２０００件
営業代行サービス活用からの粗利益合計　約３億円

営業手段の特徴を熟知した営業代行サービスの活用における成功事例の1つ目は、株式会社Ｇ（ソフトウェア開発業）の事例です。Ｇは、販売管理や生産管理、人事管理や給与管理などの業務系パッケージソフトウェアを開発・販売している会社です。

Ｇは営業代行サービス提供企業が電話営業を行って獲得する新規商談の対応を行っています。Ｇは通算で２０００件以上の電話営業からの新規商談に対応をしていますが、電話営業の性質を最大限に活かし、大きな成果をあげることに成功しています。

まず、アプローチをするターゲットの企業規模を社員数50名～500名に設定し、電話営業が最もパフォーマンスする企業規模にすることにより提供企業のアポイント獲得能力を最大限発揮できるようにしました。

そして、電話営業から獲得される新規商談は他の手段で獲得される商談よりも難易度が高いという性質から、営業担当者に対しての実地の営業研修としての役割を持たせ、難しい商談でも新規商談から次の段階に進めることができるように商談に臨むための準備や当日の商談に対して全力で取り組ませ、時には営業担当者に社長も同席をしてＯＪＴも行いました。

これにより営業担当者は自らアプローチをして新規商談を獲得しなければいけないストレスやプレッシャーから解放され、各種のソフトウェアの提案活動に集中することができ効果的かつ効率的に実地の経験を積むことで、短期間で質の高いサービスが提供できる担当者に成長することができました。

また、電話営業からの新規商談は即決で受注はされないことがほとんどであるため、その後の見込み客フォローを必要とします。Ｇはこの見込み客フォローを重視し、一度新規商談を行ってすぐには動かないという企業に対して、どうしたら相手にとって魅力的な提案を行うことができるか、相手が何の課題を抱えていてそれを解決するためのソリューションをどう組み立てればよいのか、自社製品だけではなく時には他社製品を用いて提案をすることなどを常に担当者に考えさせ、見込み客となった企業に対して常に情報提供をすることを行いました。

この取り組みによっても担当者の成長が促進され、商談を受ける企業側も積極的かつ効果的な提案をしてくるＧに対して好意的な姿勢を示すようになりました。

電話営業からの商談の短所と考えられる性質に対して自社の営業担当者の人材育成の要素を強く持たせ、それを力強く推進することにより営業代行サービスからの成果は数億円単位となり、さらに質の高い担当者が何人も成長することに成功しています。

もちろんこのような良好な状態となるまでに年単位の時間はかかっているのですが、電話営業の性質をしっかりと理解しそれを活かすことにより、大きな成果を生み出すことができた事例となります。

電気・電子機器メーカーの成功事例

株式会社Ｈ　電気・電子機器メーカー　社員数１４００名
アプローチの営業代行サービス（電話営業と問い合わせフォーム送信の両方）を活用
営業代行サービス活用からの粗利益合計　約５０００万円

営業手段の特徴を熟知した営業代行サービスの活用における成功事例の２つ目は、株式会社Ｈ（電気・電子機器メーカー）の事例です。ＨはＩＣＴ技術やＩｏＴ技術を活用し各種の電気・電子機器を開発・製造している会社です。今回は新型コロナウイルスへの対策も関連して、サーマルカメラシステムの販促で営業代行サービスを活用しました。

ターゲットは製造業工場、商業施設、各種店舗と幅広く、また企業規模も大企業から小企業まで対象となります。このような幅広いターゲットに対して有効にアプローチをするために、電話営業と問い合わせフォーム送信の特徴をそれぞれ活かしてアプローチを行いました。

対象が中堅企業から大企業となる場合、一口にサーマルカメラの提供と言っても台数も多くなりまたサーマルカメラの納品だけでなくそれに関連するシステム設計・開発や通信環境などの工事も発生してきます。このような形になると1社1社最低でも数百万円規模のカスタマイズのソリューション提案となり、電話営業が力を発揮する領域になります。

一方対象が中小企業の領域は、個別でカスタマイズ提案をするまでの案件規模にならず、サーマルカメラを完成品としてマニュアルを添えて提供し、ユーザー企業自身で使っていただくことになります。この場合は価格の決まったパッケージ製品になりますので、問い合わせフォーム送信が得意な領域になります。

Hはこれら電話営業と問い合わせフォーム送信のそれぞれの特徴をよく理解していて、中堅・大手企業には電話営業によるソリューション提案、中小企業には問い合わせフォーム送信によるパッケージ提案を行い、それぞれの施策から成果をあげることに成功しています。

問い合わせフォーム送信は相手からの問い合わせが来る形になりますので、電話営業に比べると短い期間での受注が期待できます。中小企業からのリードを獲得し、まずは低単価でも受注を確保して、電話営業で開拓をした中堅企業から大企業の中型から大型の受注が後から来る形となります。

これらもあらかじめ想定をすることによって営業代行サービス導入からの成果予測と実際の結果を間違えることなくほぼ計画通りに営業代行サービスの活用を進めています。

電話営業や問い合わせフォーム送信の特徴をしっかりと把握し、ターゲットの企業規模に合わせて手段を使い分けて大きな成果をあげることができた事例となります。

6　成功要因⑤／営業代行サービス提供企業に対する適切なマネジメント

提供企業が「何としても成功させせよう」と思える案件

営業代行サービス活用の成功要因の５つ目は「営業代行サービス提供企業に対する適切なマネジメント」です。営業代行サービス提供企業が何としてもその案件を成功させようと一生懸命取り組むことにより、大きな成果を出すことができた事例を2つご紹介します。

もちろん営業代行サービスの提供企業は、お客様からご依頼をいただく案件に対して一生懸命取り組む案件とそうでない案件があってはいけません。営業活動のプロフェッショナルとして、すべての案件に一生懸命取り組みすべての案件でお客様に約束している成果を出すべきであると思います。

しかし、営業代行サービス提供企業において1つひとつの案件に取り組むのは機械ではなく人です。基本的なレベルではすべての案件に一生懸命取り組むべきであることは間違いありませんが、より高いレベルで最後の最後にあきらめるのか頑張り続けるのかという点においては、人が取り組む以上は差が出てくることも自然なことであるとも言えます。

その案件に取り組む人が「この案件は何としても頑張ろう」と思って取り組めば成果が出る確率が高まり、「この案件に取り組むのは嫌だな・・・」と思いながら取り組むと成果が出ない確率が高まります。

また、このような観点で利用企業側から稀にある提案として、「自社の案件を優先的に頑張ってほしいので、他社よりも依頼金額を高くすることも考えているがどうでしょうか?」というものがあります。

これは私たちに限ったことで他の営業代行サービス提供企業では異なるのかもしれませんが、このような提案をいただいたとしても私たちはあまりいつも以上に一生懸命取り組むというスイッチはどうしても入らず、なおかつ通常費用でも適正かつ十分な利益をいただける内容でもあるため、「現在いただける費用でも私たちは一生懸命取り組むことができます」とお伝えして、このようなご提案はお断りをし、従来通りの提示をさせていただいています。

では営業代行サービス提供企業がどのような状況になると、何としても成功させようといつも以上に一生懸命に取り組み、大きな成果を出そうとするのでしょうか? その典型的な事例を2つご覧になっていただければと思います。

足場工事業の成功事例

株式会社Ｉ　足場工事業　社員数30名
アプローチの営業代行サービス活用による商談提供数合計　約１０００件
営業代行サービス活用からの粗利益合計　約２億円

営業代行サービス提供企業に対する適切なマネジメントにおける成功事例の１つ目は、株式会社Ｉ（足場工事業）の事例です。Ｉはビルや施設、住宅などの新築工事や改修工事の際の足場工事を行う会社です。足場工事は、建設会社や工務店から足場工事業に発注されることが一般的で、新規顧客の開拓を行う際にも建設会社や工務店にアプローチをすることが一般的となります。

足場工事は建設・建築現場においては必要不可欠な仕事で、簡単にはなくならない安定した仕事ではあるのですが、その反面同業者も多く存在し、また他社との差別化を行うことが難しい仕事です。足場工事は建設・建築現場において特に安全を最優先とした仕事を求められるため、どのような材料でどのような足場を組むのかということは法令で決められていることも多く簡単にその仕様を変えることができません。

そのため法令通りにかつ安全に足場を組むことは当たり前とされ、他社との差別化となるところと言えば金額が安いかどうかというところと、トラブルなどがあったときにいかに迅速に対応できるかという点などに絞られてきてしまいます。

電話営業で足場工事のアプローチを行うことも簡単ではありません。電話の中で訴求できる差別化のポイントは限られていて、さらにどの同業者も訴えてくるポイントが似通ってくるため、質の高い新規商談を獲得することが難しい内容になります。

Iも営業代行サービスの依頼をするにあたって、その点よく理解していました。提供企業の電話営業の担当者が、簡単ではない電話営業を行うことになるだろうということで、Iの社長から提供企業の担当者向けにポジティブな声掛けを行いました。「いつもウチの電話営業をしてくれてありがとう!」「この前獲得してくれた商談はとってもよかったよ!」「電話をしていて何か困ったことはない?」「この前アポイントをくれた建設会社から新規で発注があったよ!」。

このような声掛けは数か月に1回いただくかどうかが通常のところ、Iはアポイントを獲得したり訪問をしたりするたびに行い、厳しい電話営業を行う提供企業の担当者を常に元気づけるようにしていました。

提供企業で電話営業を担当するのも人です。「ありがとう」「よかったよ」「ウチも頑張るよ」と声をかけられると、自然とIの案件を行うときはポジティブな気持ちで取り組むようになります。

そうすると電話営業を行うときの雰囲気もポジティブになるので、新規商談が獲得できる会社もポジティブな企業とのアポイントが獲得できるようになっていきます。Iから出るポジティブなエネルギーが電話営業の担当者からアプローチ先に波及し、よい商談ができるという好循環を生み出していきます。

なぜIがこれを行うのかについては、足場工事業の電話営業が簡単ではないと認識しているという以外にもう1つの理由がありました。前述のように足場工事という仕事は仕様が法令で決められていることが多く、基準を満たす足場を組み上げることが当たり前とされる業界です。できることが当たり前であり、できないことがあるごとに減点方式でマイナス評価をされることになります。そのため、苦労して組み上げた足場を誉められることはほとんどなく、お客様から連絡があるときは必ずと言っていいほど不具合の指摘やクレームとなります。

足場工事の担当者はお客様から連絡が入るということはほぼよくない連絡なのでネガティブな気持ちになり、とはいえもちろん足場工事業者の側に非があることになりますので、気持ちを擦り減らしながら不具合やクレーム対応を行います。

稀にしかないのですが、組み上げた足場の品質や対応をお客様から誉められると、本当に嬉しい気持ちになります。このお客様あるいはこの誉めてくれた担当者の案件は、担当者や職人もいきいきとして、さらに迅速かつ質の高い足場を組むようになります。

Iはこの経験から、お客様からの連絡＝不具合の指摘ということが、どれだけ担当者の意欲を失うのかを知っていました。そのため、Iからの連絡＝ポジティブな内容ということを提供企業の担当者に印象づけることにより、必ず成果に返ってくると考えていました。

Iの電話営業を担当していた提供企業の担当者は、他の足場工事業のお客様の電話営業を何社も行っていたのですが、Ｉの商談獲得数やその後の受注件数が他の足場工事業の少なく見ても2倍以上にはなっていました。Ｉも他の足場工事業も行っている仕事はほとんど変わらず、電話営業のターゲット業種もトークスクリプトも大差はありません。

この電話営業の担当者自身も、なぜＩの成果と他の同業の足場工事業の成果に差が出るのかの理由は明確にはわかっていませんが、Ｉの電話営業は前向きに行えてとても楽しい、ということを言っていることだけはわかっています。もちろん定性的な内容であり、定量的にこの取り組みの成果を表現することは難しいかもしれません。しかし、他の同業者に比べて成果が2倍以上になっていることは無視ができない現実であると思います。提供企業の担当者にポジティブな気持ちで取り組んでもらうことを意識して大きな成果をあげることができた事例となります。

デザイン制作業の成功事例

株式会社Ｊ　デザイン制作業　社員数10名
アプローチの営業代行サービス活用による商談提供数合計　約１００件
営業代行サービス活用からの粗利益合計　約５０００万円

営業代行サービス提供企業に対する適切なマネジメントにおける成功事例の２つ目は、株式会社

Ｊ（デザイン制作業）の事例です。ＪはＷｅｂ媒体や紙媒体のデザイン制作・グラフィックデザイン制作、製品パッケージのデザイン制作などを手掛けている会社です。

Ｊは十数年に渡って、大口の３社の取引先からの仕事をメインで受けてきました。そのため新規開拓営業はほとんど行っていませんでした。しかし、メインの取引先の担当者の代替わりや様々な企業環境の変化から、３社のうち1社からの発注は減っていくことが確定しており、もう1社からの仕事も今後が不透明な状態になっていました。そこで、営業代行サービスを活用して新規顧客の獲得を行いたいと考えました。

前述のように、Ｊは新規開拓営業をほとんど行っていなかったのでアプローチの営業代行サービス活用からの新規商談の実施にはかなりの不安がありました。しかし、そうかと言って商談まで行う営業代行サービスでは、競争力のあるサービスが構築されているわけではないので活用することができません。現在の社内リソースから１００％自力で新規顧客の開拓を行うことも難しくなります。そのような状況から、半ば消去法でアプローチの営業代行サービスの活用を選択することになりました。

Ｊの社内メンバーはほぼデザイナーしかいないため、社長自身で獲得された商談に対応することになります。新規開拓営業の経験がないとは言っていられない状況でもあり、覚悟を持って提供企業が獲得する新規商談に臨むことにしました。

提供企業側からの新規商談の提供が始まると、提供企業側からもＪの社長が商談に全力で取り組んでいる姿勢が明らかにわかりました。獲得をした商談の報告をしたときには、どのような企業で相手の担当者がどのようなことを言っていたのか、商談に対してどのような準備をすればいいのかということを入念に確認し、商談を行った後もどのような商談の展開であったのかということをフィードバックし、提供企業側に商談の改善点についてアドバイスを求め、それを即座に次の商談内容に反映をしていきました。

「新規商談をしたことがなくてやり方がわからないので、プロのアドバイスを聞いてそれを全力でやっていきます」ということを打ち合わせでもよく言っていました。

Jの新規商談に対する覚悟は、提供企業側の担当者にも影響を及ぼしました。担当者もJの置かれている状況を理解しているため、よい商談を提供したいという想いは案件開始当初からありましたが、Jの社長のこのプロジェクトに対する思い入れが十分に伝わってきたので、営業代行サービスの提供企業として何としてもよい商談を提供して新規顧客の獲得を成功させたいという想いを強く持つようになりました。

Jの行ってきた仕事をあらためて見直し、本質的に何が強みでありそのような強みが活きる企業はどこなのか、業界という大きな単位ではなく個別企業までをも見て入念にターゲット選定を行い、相手に合わせたトークスクリプトも準備してアプローチの業務に当たっていきました。

Jの新規商談に臨む意欲と提供企業の力が噛み合って、新たに収益の柱となる新規顧客の獲得をすることができました。利用企業側の覚悟を持った姿勢が、提供企業の担当者の力を引き出し、大きな成果をあげることができた事例となります。

7　第４章まとめ

営業代行サービス活用の「成功」とは、提供会社に支払った費用を大幅に上回る粗利益を得られることと定義をしました。支払った費用の何割増というようなことではなく、5倍、10倍というような費用対効果を得られることを成功している状態としています。

営業代行サービスの成功事例は、利用企業の業種・業界であったり活用している営業代行サービスの種類であったりによらずに発生しています。第４章では営業代行サービスの５つの成功要因をご紹介していきましたが、これらは利用企業の業種・業界によらず共通して活用していただけるものであると思います。

・成功要因①／中長期視点を持った営業代行サービスの戦略的活用

営業代行サービスはもともと短期的に大きな成果を出すことに向いているサービスではありませんが、その性質を最大限に活かして3年～5年の中長期視点で活用していただくと、大きな成果を出すことができる可能性があります。

・成功要因②／自責の念を強く持った営業代行サービスの活用

営業代行サービスを活用して新規顧客の獲得を行うことは、提供企業と利用企業が双方の役割を果たして初めて成り立ちます。利用企業として主体的にサービスを活用していくという意欲や姿勢を強く持つことにより、大きな成果に繋げることができる可能性があります。

・成功要因③　営業代行サービス提供企業への十分な情報・知識共有

営業代行サービス提供企業は、利用企業の持つ専門的な情報や知識の共有を必要としています。利用企業から通常必要とされる以上に情報・知識共有を行うことにより、提供企業による営業活動からのアウトプットをさらに向上されることができる可能性があります。

・成功要因④　営業手段の特徴を熟知した営業代行サービスの活用

新規開拓営業で行われる営業手段にはそれぞれの特徴があります。営業代行サービスにおける代表的な手段は「電話営業」と「問い合わせフォーム送信」ですが、これらの営業手段の特徴をしっかりと把握し上手に活用することで、大きな成果に繋げることができる可能性があります。

・成功要因⑤　営業代行サービス提供企業に対する適切なマネジメント

営業代行サービスを最終的に実行するのは提供企業の人です。積極的に意欲を持って取り組むか、消極的な気持ちで取り組むかによってその成果は大きく変わります。提供企業の担当者を適切にマネジメントすることにより、大きなリターンを得ることができる可能性があります。

営業代行サービスを活用するのであれば、大きな成果を出したいと誰もが考えるものだと思います。５つの成功要因を把握していただき、１つでも自社に合うと思われる取り組みがあれば。思い切って実行していただくこともよいのではないかと思います。

第5章

営業代行サービス提供企業選びのポイント

1　成果予測を現実的に示しているか？

何の案件で実施するかで少なくとも結果の半分は決まっている

第3章では営業代行サービスの失敗事例を、第4章では営業代行サービスを活用して大きな成果を得ることができた成功事例を紹介しました。どの企業も営業代行サービスを活用するのであれば、失敗を防ぎそして大きな成果をあげたいと考えます。第5章では、営業代行サービスを活用するのにあたってどの提供企業に依頼をすればよいのか、その提供企業選びのポイントを紹介したいと思います。

営業代行サービス提供企業選びの1つ目のポイントは、営業代行サービス活用からの成果予測を現実的に提示しているかという点です。営業代行サービスの検討段階で、提供企業に「どのような成果があげられることが予測されるか？」ということを質問することによってその回答を得ることができます。

ここで営業代行サービスの活用から得られる成果について、重要となる原則を1つあげたいと思います。それは、何の案件（製品・サービス）で営業代行サービスを活用するかによって、少なくとも結果の半分は決まっているということです。

なぜそのようなことが言えるのでしょうか？　まずは、営業代行サービスの提供企業が営業活動を行う市場は、利用企業が普段から営業活動を行っている市場と全く同じものです。そのため、いかに営業活動のプロフェッショナルである提供企業が営業活動を行ったとしても、市場の状況以上の結果が出てくることはありません。第４章では費用対効果が5倍、10倍にもなっている成功事例を紹介しましたが、これも市場の状況を越えてそのような成果が出ているわけではありません。

もう1つ理由をあげるとすると、第３章の失敗事例でもあげたように営業代行サービスの提供企業は利用企業の業界の専門家ではないため、業界の専門家が出すことができる成果を大きく上回ることは簡単なことではありません。

そのため、営業代行サービスの検討時に提供企業に対して「どのような成果があげられることが予測されるか？」と質問をしたときに、その回答が費用対効果の5倍、10倍のような大きな成果に繋がるというような高い成果予測が安易に提示される場合は注意が必要です。大幅に高い成果予測が提示されるときには、その成功すると言っている要因にはどのようなことがあるのかを十分に確認する必要があります。

現実的な成果予測を行うことが意味すること

営業代行サービスを活用する場合、私たちは現実的な成果予測をする提供企業のサービスを利用することをおすすめするのですが、それはなぜでしょうか？

営業代行サービスの提供企業は、事業年数や取り組んだ案件数が多ければ多いほど、営業代行サービスは成功する案件もあれば失敗する案件もあり、平均的には成功とも失敗とも言えない案件（かけた費用以上の粗利益は取り返してはいるが、大きな成果とまでは言えない案件）が最も多くなることを経験的に知っています。

第4章で紹介した成功事例のように、利用企業側と提供企業側の想いや行動がうまくがっちり噛み合うと大きな成功をもたらすこともありますが、確率としては低く、それが少しでも噛み合わなければ第3章の事例のように失敗する可能性も出てくることにもなり、成功とも失敗とも言えない状態が営業代行サービス活用の平均点となります。

そのため営業代行サービスの成果予測を行う場合、成功とも失敗とも言えないラインか、その少しプラスくらいでの提示が真実かつ現実的となります。

しかし営業代行サービスの提供企業にとって、営業代行サービスの活用を検討している企業に現実的な成果予測を提示することは怖いことです。なぜなら営業代行サービスの活用を検討している企業には、現実的な成果予測よりも高い成果を期待して検討していることも多いためです。提供企業が現実的な成果予測の提示を行うと「この提供企業を活用しても思っているような成果が出ない」という反応となり、提案するサービスが選ばれないことにも繋がります。

もちろん営業代行サービス提供企業も営利企業です。利益を出すためには常に新しい顧客や案件を必要とし、顧客が増えなければ企業として成長していくことができません。そのため、営業代行サービスを検討している企業に対しては「私たちを活用してくれたら大きな成果をもたらすことができます！」「過去にはこのように成功している案件も出ているので、御社でも同様の結果が期待できます！」と伝えたほうが受注確率は高くなります。

それをわかっていても敢えて成果を現実的に提示するのは、実現する可能性の低い大きな成果予測をして目の前の案件を受注する嬉しさよりも、利用企業が期待した成果とは大きくかけ離れた結果となったときの辛さのほうがはるかに大きいことを知っているためです。

そしてそのような提供企業は、営業代行サービス活用を成功させることは簡単ではなく多くの不確定な要素が絡んでくること、逆に失敗をしないためにリスクを回避する方法も数多く知っている可能性が高くなります。利用企業側としては、成果予測を高く提示してくれるほうが期待も持てて心も踊るのですが、そのような期待があることは理解しつつも現実的な成果を提示してくる提供企業の方が、営業代行サービスからの成果を得ることができる可能性は高くなると考えられます。

現実的な成果を一生懸命に間違いなく出すことに全力を尽くす

営業代行サービス活用を検討している企業が高い成果予測を期待していることはわかっている中で、その中でも敢えて現実的な成果予測を提示すると、前述のように検討企業側からは「この提供企業は意欲がない」「パートナーとなるのだからもっと積極的に取り組んでほしい」と思われることがあります。そのように思われて活用を検討する提供企業のラインアップから外されてしまうこともあるかもしれません。

提供企業側の立場からすると、現実的な成果予測をするのは意欲や積極性がないからではありません。すべての案件で成果を出そうと意欲や積極性を持って取り組んだとしても、現実的な成果を出すことも決して簡単なことではなく、費用対効果5倍、10倍となるような成功と呼べる結果を出すことにおいては意欲や積極性だけではない他の要因が働かない限り実現することはできません。

前述のように営業代行サービスの成果は何の案件で実施するかによって半分は決まると言ってもよいと思いますが、もう半分の中にはもちろん提供企業側の努力や取り組み内容も大きな要因として含まれています。提供企業が利用企業からいただく案件に一生懸命に取り組まなければ現実的な成果を出すことすら難しくなります。

現実的な成果予測をするという中には、営業代行サービスで結果を出すことは簡単ではない、しかしご依頼をいただいたからにはお客様と交わした約束は必ず守り、逆に守ることはできない約束はしない。成功することは目指したいが、お客様からいただく費用をまずは少しでも上回る粗利益を結果としてもたらすことを第一に考える、という提供企業側の想いが込められています。

2　実績や経験はどれだけあるか？

実績や経験が多いに越したことはない

営業代行サービス提供企業選びの2つ目のポイントは、実績や経験はどれだけあるかという点です。営業代行サービス全体の実績や経験も重要ですし、ある業界に特化した実績や経験がどれだけあるかということが重要な判断材料になるときもあります。

営業代行サービスの提供企業選定において、実績や経験が多いに越したことはないと思います。過去にやったことがないような新しいことを行うときに、今までの実績や経験が邪魔をするということがあるかもしれませんが、営業代行サービスの領域では提供企業が今までにやったことがない新しい仕事に取り組むというケースは少なく、経験したことのある仕事を活かして取り組むことが多いので、やはり実績や経験は多ければ多いほどよいでしょう。

実績や経験が多いことの大きなメリットには、成功事例よりも失敗事例を多く経験していることもあげられます。営業代行サービスは第３章で紹介したような大きな失敗をしなければ、少なくともかけた費用を上回る粗利益を確保できる確率は高いサービスです。失敗しない施策をたくさん知っている提供企業は、やはり価値が高い存在になります。

もちろん実績や経験が少ない提供企業が悪いということを言っているわけではありません。現時点で実績や経験があるという提供企業も以前はなかったわけですし、実績や経験は時間がもたらすものなので、実績や経験の有無は提供企業そのものの本質であるかというとそうではないとも言えます。

「実績はないけど一生懸命頑張ります！」という提供企業のほうが、先入観を持たずに案件に取り組み大きな成果をもたらすこともあります。実績や経験は大事ですが、提供企業選びの１つの軸として捉え、それ以外の指標でも提供企業を分析してよりよい選択をしていただければと思います。

示される実績は半分程度で捉える

実績や経験の有無を提供企業の選定に活用することをお伝えしていますが、提供企業から示される実績をそのまま額面通り捉えることはおすすめしません。なぜなら、提供企業が示す実績はいくらか余計に盛られているか、瞬間最大風速で言っている可能性もあるためです。検討する側としては、提供企業側が示す実績はイメージとしては半分程度で捉えておけばよいと思います。

なぜ提供企業は実績を示すときに、いくらか盛ったり瞬間最大風速で言ったりするのでしょうか？　その理由は、それを行うことが受注の最大化に繋がるからです。営業代行サービス提供企業は各社が営業活動の専門家と言えるので、持っている営業技術を駆使して自分自身の営業活動を行っています。

数ある営業技術の中の1つに「提示する実績は2倍までは違和感なく受け入れられる」というものがあります。1回やったことは2回やったと言える、5回成功したことは10回成功したと言える、100万円売り上げたものは200万円売り上げたと言える、というような感じです（正確性が要求される業務報告というような場面ではなく、あくまでも営業活動における実績の提示の場面の話です）。

営業代行サービス提供企業は、このような技術を活用して営業活動を行っていますので、示される実績は2倍までは誇張されている可能性があります。

前述の成果予測の内容にも似ていますが、利用企業も提供企業を選ぶときの心理として「実績を多く持つ企業に依頼したい」というものがあります。提供企業側もその心理を理解して実績を可能な範囲で多く見せてきますが、最適な提供企業選びのためにも半分程度に割り引いて経験や実績の評価をジャストにしていただくとよいと思います。

3　サービスの説明はシンプルかつ明瞭か

営業代行サービスそのものは単純なサービス

営業代行サービス提供企業選びの３つ目のポイントは、サービスの説明がシンプルかつ明瞭かという点です。

営業代行サービスの活用を検討し、提供企業に問い合わせを行ってサービスの説明を聞くことになります。そのときに、シンプルかつ明瞭に、わかりやすくサービスの説明をする提供企業を候補にあげることをおすすめします。

本書では営業代行サービスとして、アプローチの営業代行サービス、商談まで行う営業代行サービスを取り上げていますが、サービスの内容としてはどれもすべて単純なサービスです。アプローチの営業代行サービスは、要するに電話営業や問い合わせフォーム送信を利用企業の代わりに行って商談を獲得するサービス、商談まで行う営業代行サービスは、要するに利用企業の代わりに商談まで行い、より見込みの高い商談や受注を獲得してくるサービスです。それ以上でもそれ以下でもありません。

このような単純なサービスの説明を、複雑に難しくしてしまう提供企業や担当者からの導入はあまりおすすめしません。このような提供企業や担当者はサービスが開始されてからも、現状分析や成果をよくするための改善点を見出すときなどに、事態を複雑に考えてしまう可能性が高くなるためです。営業活動のプロセスにおいてもシンプルに考えることができることが多く、単純に考えれば見えてくる問題点や改善点も、複雑に考えるとどこに直すべき点があるのかがわからなくなってしまいます。

料金体系や価格設定は提供企業選びにおいて本質的な問題ではない

提供企業からサービスの説明を受ける際には当然ですが、価格の提示も受けることになります。提供企業を選定するにあたって、料金体系や価格設定は本質的な問題ではありません。

具体的には、成功報酬型か固定報酬型かどちらが主体なのか、初期費用はありかなしか、価格設定が高いか安いかなどですが、これらは何がよくて何が悪いということはありません。第2章でも触れましたが、費用は提供される製品・サービスの価値によって決まるものです。

大切なことは「なぜその価格なのか？」「他社と比べて高いのはなぜなのか？」「なぜ初期費用が

あるのか？」などの質問に、ここでもシンプルかつ明瞭に答えることができるかという点です。

価格設定が不明確であるということはサービスの内容もまた不明確になりやすくなります。他社よりも高いなら高いで「なぜ高いのか？」が明確に説明できるのであれば、その提供企業は候補に残してもよいと思います。

4　提供企業からの提案があるか？

営業活動の領域では提供企業からの提案があるべき

営業代行サービス提供企業選びの４つ目のポイントは、提供企業からの提案があるかという点です。利用企業側の意向を汲みつつも、成果を出すことや失敗を防ぐことにおいて積極的に提案をする提供企業の活用をおすすめします。

利用企業に対して提案をする姿勢があるかどうかということは、営業代行サービスの検討段階において、「営業代行サービスの活用でこのような成果をあげたいと考えているが、どのようにしたらよいと思うか？」というような質問をすることによって知ることができます。

提案をする姿勢がある提供企業であれば、このような質問を投げられたら完璧ではないにしても、営業活動に関してのアイデア出しや過去の類似案件での取り組みなどを基にした提案を行ってきます。

第3章でも第4章でも触れましたが、提供企業は利用企業からの専門知識や業界知識の提供を必要としています。しかし営業活動の領域においては専門家である提供企業の側から積極的に提案を行っていくべきです。

ターゲット選定方法や企業リストの作成方法、電話営業におけるトークスクリプトの内容などの営業領域に関するところまで、利用企業の要望通りに行い提供企業から提案することが何もないということであれば、営業代行サービス提供企業としての価値がありません。

もちろん営業活動の領域においても、利用企業側でも考え実行されていることも数多くあります。そのような内容は重要な参考材料として受け入れ、さらにそれをよりよくする方法を提案し実行することこそが、提供企業が発揮すべき価値となります。

提供企業の力を発揮させるディレクションが必要

営業代行サービスの利用企業は提供企業からの提案を必要としています。前述のように営業代行サービスの活用から大きな成果をあげることは様々な不確定な要因があるとしても、特に営業代行サービス活用から失敗する確率を下げるためには、提供企業の持つ様々な失敗経験とそれを防ぐための提案は利用企業側にとって大きなメリットになります。

利用企業が提供企業と関わっていく姿勢として、提供企業におまかせの姿勢となってしまうのは第3章でも紹介をしたような失敗を招く原因にもなってしまうのですが、提供企業が専門とする領域においても提案の余地を与えないような、利用企業側の求める内容を忠実に実行することを強く求め過ぎると、提供企業側の持つ力を十分に発揮させることができなくなります。

提供企業側が積極的に提案を行うことができるようなディレクションや雰囲気作りも、利用企業側からは心掛けたほうがよい要素となってきます。

5　最終的に誰が実行するのか？

営業活動は最終的には実行者と相手の1対1で行われる

営業代行サービス提供企業選びの５つ目のポイントは、最終的に誰が営業活動を実行するのかという点です。もちろん営業代行サービスは提供企業が実行するのですが、提供企業の中の「誰が」実行するのかがとても大切です。

なぜなら、営業活動は最終的には実行者と相手の１対１で行われるからです。電話営業や対面もしくはリモートの商談も、最終的にはその実行者と受ける相手の１対１で行われます。そして、いかに同じ企業の人と言っても、その中のＡさんとＢさんが実行して全く同じ結果になるかというとそうではなく、むしろ全く違う結果になっても不思議ではありません。

では、営業代行サービスは実際に誰が実行する可能性があるのでしょうか？　次に考えられる実行者をあげると、

・提供企業の正社員
・提供企業のアルバイト
・提供企業で働く派遣社員
・提供企業から再委託される企業の正社員
・提供企業から再委託される企業のアルバイト
・提供企業から再委託される企業で働く派遣社員
・提供企業から再委託されるフリーランス
・提供企業から再委託される在宅ワーカー

などが考えられます。細かいことをあげれば他にも考えられるかもしれません。

提供企業側からすると、営業活動の実行者にこのようなパターンがあることを理解することは難しいことではないのですが、これらを利用企業の目線から見ると営業代行サービスの実行者には数多くのパターンがあるように見えるかもしれません。

そして営業代行サービス提供企業を選ぶにあたり、最終的に誰が実行するかによって結果が変わってくるかもしれないということをより強く実感していただけるものと思います。

実際には、営業代行サービス提供企業はこれらの選択肢のうちどれか1つないしは2つを主体的に活用していることが多いため、これらすべてのバリエーションを1つの提供企業が使いこなしているということはありません。提供企業がどの形を主としてサービス提供しているかも含めて検討段階でしっかりと確認し把握しておくことが必要です。

誰が実行しているかによって成果予測も調整する

営業代行サービスは一般的に、誰が最終的な実行者になるのかを特定せずにサービスの発注がなされ実行されていきます。中には誰が最終的に実行するのかを指名できる営業代行サービスもあるかもしれませんが稀なケースとなります。

利用企業としては、誰が最終的に実行するのかについて具体的な人を指定することはできないことが多いですが、最終的な実行者が誰なのかによって成果が左右されるのであれば、その人がどのようなカテゴリーに属している人なのか、前項に示した分類のどのパターンで実行されるのかは確認をする必要があります。

提供企業の正社員が実行することにより、案件の理解力や類似案件の経験値を強みとしている提供企業もあれば、多くの在宅ワーカーが実行することにより、短期的に確保できる行動量や価格面を強みとしている提供企業もあり、どの実行者のパターンも完璧ということはなく一長一短があります。

また、営業代行サービス提供企業の実行者が、利用企業の専門知識や業界知識について普段の生活ではあまり縁がない、簡単にはイメージをすることができない可能性が高いようであれば、専門知識や業界知識の共有にさらに力を入れたり、実行者の変更を提供企業に依頼をしたり、場合によっ

〔図表11　営業代行サービス提供企業選定チェックシート〕

提供企業名	選定基準（1点～5点で採点）					合計	備考
	成果予測は現実的か？	実績や経験は多いか？	サービス説明は明瞭か？	提供企業からの提案があるか？	最終的な実行者は誰か？		
A							
B							
C							
D							
E							

ては成果予測をさらに下方修正したりして、営業代行サービス提供企業の実行者が誰であるかによる変動要因を吸収することが必要になります。

6　営業代行サービス提供企業選定用チェックシート

営業代行サービス提供企業選定用チェックシート

図表11は、ここまでご紹介した営業代行サービス提供企業の選定基準を活用して、営業代行サービス提供企業を選定するためのチェックシートとなります。5つの評価軸をそれぞれ1点から5点満点で採点していただき、備考欄のフリー記載の評価と合わせて総合的に検討していただくことができる内容となります。

営業代行サービス自体もBtoBのサービスになりますので、最終的には検討企業と提供企業の人と人による商談でサービス説明がされることになります。提供企業の担当者が前向きであればあるほど、直近で話を聞いた提供企業の印象がよくなりがちです。

営業代行サービス提供企業の選定は、自社にとって最重要業務の１つである新規開拓営業を共に取り組む企業を選定するととても大切な仕事になります。短期的に感じる印象はもちろん大切ですが、複数の提供企業の担当者から話を聞き、同じ評価軸によって横並びに評価し、フラットかつ冷静に選定をしていただくことが重要です。

より間違えない提供企業選定を行うために

前述のように、営業代行サービス提供企業の選定は重要な仕事であり、誰もが間違えずに最適な提供企業を選定したいと考えます。

より間違えない提供企業選定を行うための１つの方法は、１人ではなく複数の人で提供企業の話を聞き、チェックシートも別々に作成して突き合わせて検討することです。人と人との商談は感覚や印象に左右されやすいため、１人の判断では偏る可能性があり複数の人で判断することにより判断を間違えるリスクを低減することができます。

もう１つの方法は、複数の提供企業の選定に迷ったら並行して発注するという方法があります。営業代行サービスは常に１社に発注をしなければいけないというサービスではなく、複数同時に発注することが可能です。

複数同時に発注し、実際に一定期間共に新規開拓営業に取り組んでみてから相性のよい提供企業を最終的に選定することも有力な方法です。

7　第5章まとめ

営業代行サービス提供企業を選定することにおいては、次の5つの基準を活用して選定することをおすすめします。

1．成果予測を現実的に示しているか？
2．実績や経験はどれだけあるか
3．サービスの説明はシンプルかつ明瞭か？
4．提供企業からの提案があるか？
5．最終的に誰が実行するのか？

アプローチの営業代行サービスか商談まで行う営業代行サービスのどちらを活用するのか、料金体系は成果報酬重視か固定報酬重視のどちらにするかについては第2章の内容も参照していただき、自社のニーズやリソースと照らし合わせて決定していただければと思います。

具体的な提供企業を実際に選定する際には図表11もぜひ活用していただき、同じ評価軸でフラットに選定をしていただくことが重要です。1人で選定を行うと判断が偏る可能性もあるため、複数の人で判断して印象の偏りをなくしたり、複数の提供企業の優劣がつけられないときは、複数の提供企業を同時に活用したりすることも可能です。

第6章

営業代行サービスを依頼する前に準備すること

1　新規開拓営業の全体像

営業代行サービスの活用は新規顧客の獲得のための手段の1つ

第5章では営業代行サービス提供企業選びのポイントを紹介しましたが、第6章では営業代行サービスを依頼する前にどのような準備をしておくとよいかについて取り上げていきます。

営業代行サービスを依頼する前の準備ということで述べていくのですが、営業代行サービスの活用は新規顧客の獲得ための1つの手段に過ぎません。そのため、営業代行サービスを活用するかしないかということに限らず、新規開拓営業を行うためにどのような準備をすればよいのかということについて紹介していきたいと思います。

新規顧客の獲得を行っていくにあたり、1つのフレームワークを紹介したいと思います。図表12は私たち株式会社アイランド・ブレインが「新規開拓営業の全体像」と呼んでいるものです。

この図表12を見ていただくことによって、新規顧客の獲得に向けて何を準備すればよいのか、新規開拓営業を行っていくプロセスでは何が起こり得るのかを事前に把握しながら準備を行うことができます。今まで新規開拓営業を行ったことがない方でもこちらを活用していただければ十分に考えることができるようになりますし、新規開拓営業の経験が豊富な方であれば今までの自社の活動の整理や改善点の模索に活用していただくことができます。

〔図表12　新規開拓営業の全体像〕

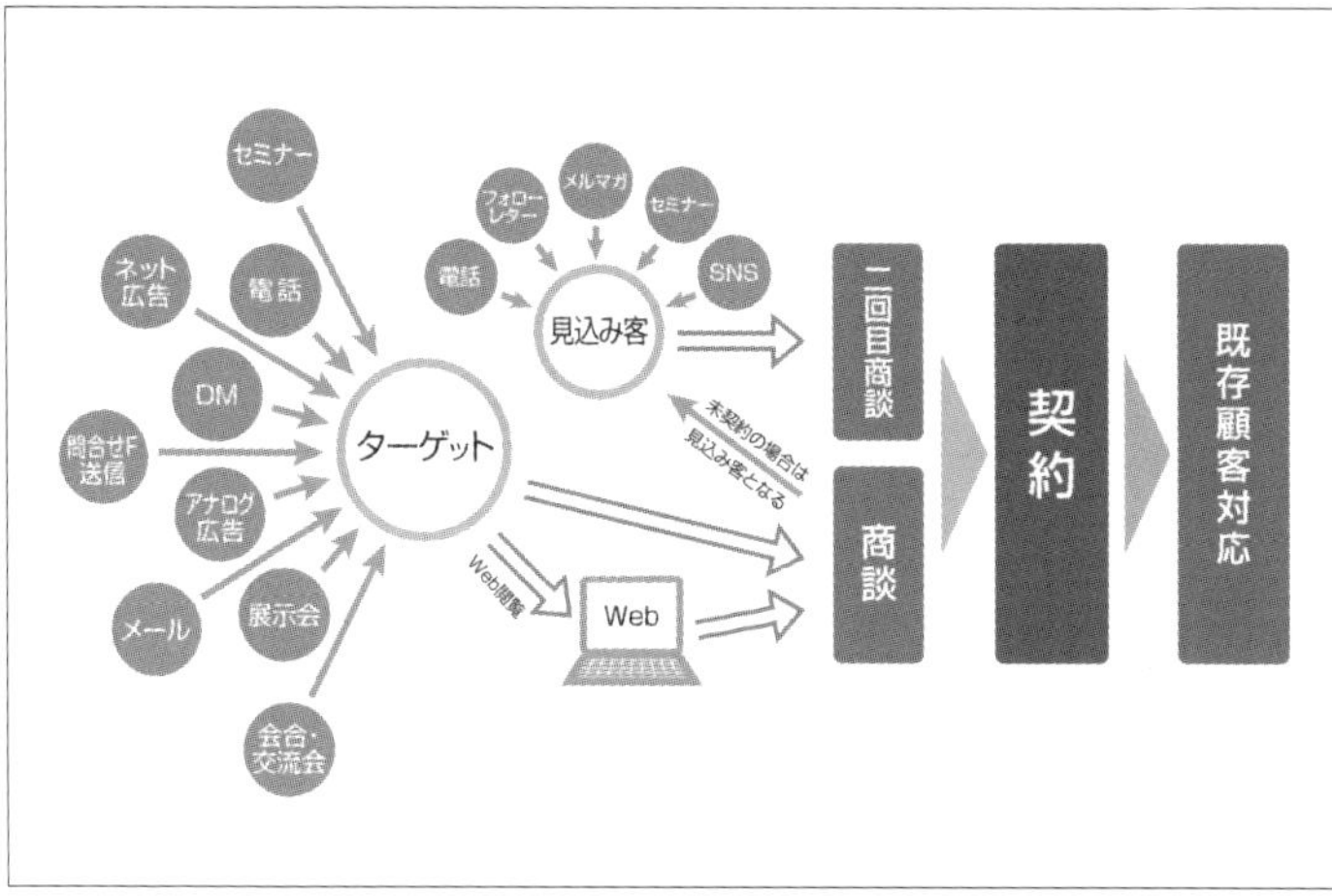

〔図表13　新規開拓営業の7つの準備領域〕

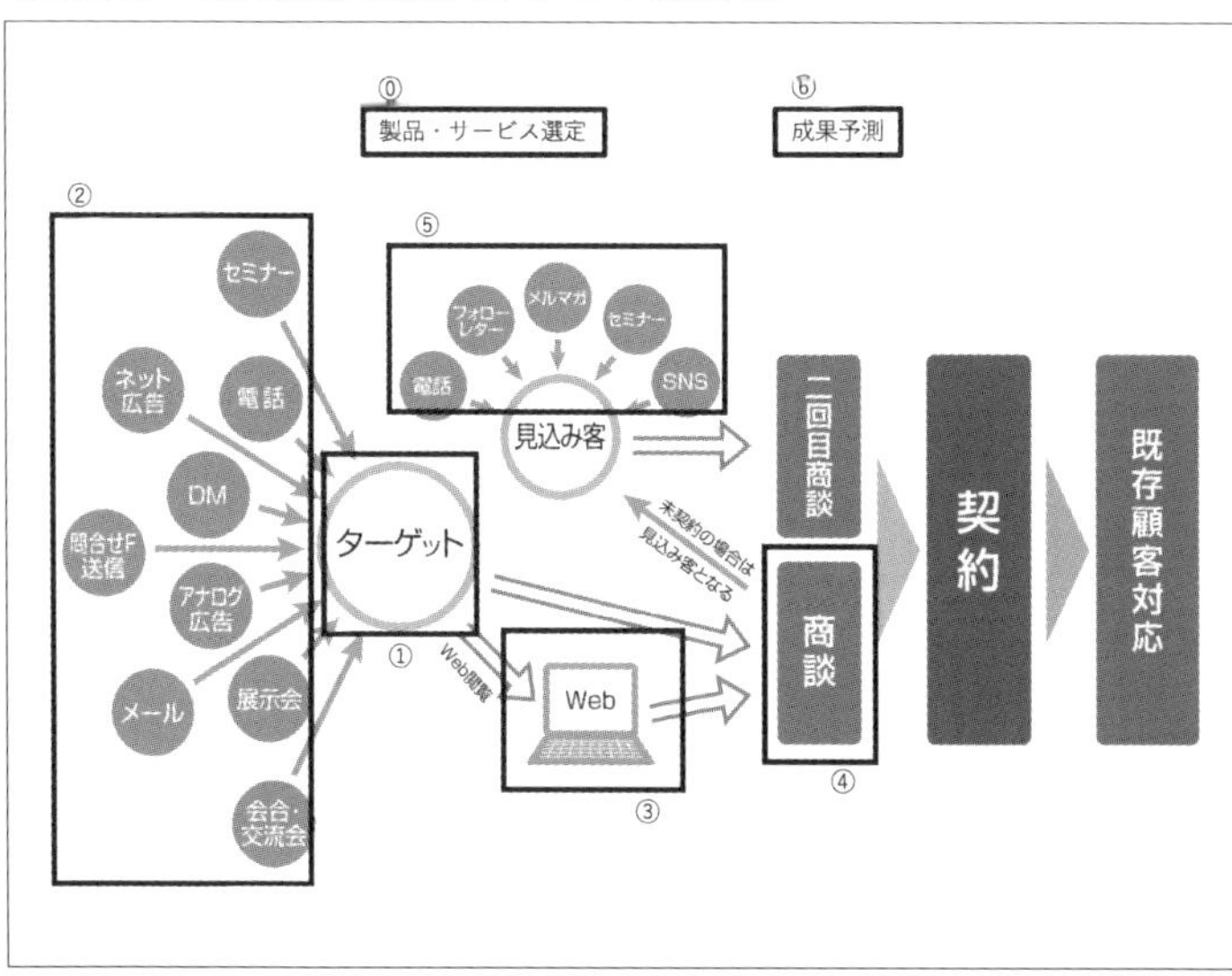

新規開拓営業の全体像を使って準備する領域を特定

図表12の新規開拓営業の全体像は、新規顧客の獲得に向けて何を準備していけばよいのかを表現しているのですが、本書ではそれを7つの領域に分けていきたいと思います。

その7つとは、次の項目となります（図表13）。

⓪製品・サービス選定
①ターゲット選定
②アプローチ手段の構築
③Webサイト制作
④新規商談
⑤見込み客フォロー
⑥成果予測

製品・サービス選定を⓪としている理由は後ほど記載をしたいと思います。

2　準備⓪／思い入れのある製品・サービスで新規開拓営業を行う

思い入れのある製品・サービスとは

新規開拓営業を実施する前に準備をすることの0番目は「製品・サービス選定」です。0番目と表現している理由は、１つの事業を集中して行っている多くの中小企業にとっては、新規開拓営業を行うにあたって製品・サービスを選定するというプロセスが発生せず、すべての企業に共通して発生するプロセスではないため０番目と表現をしています。

新規開拓営業を行う製品・サービス選定においては「思い入れのある製品・サービス」で行う必要があります。

これは第３章の失敗事例⑤で述べたように、ある製品・サービスの新規代理店となったようなときには気を付けなければいけませんし、他にも複数の事業を行っている中堅・大手企業、創業からまだ間もなく本業とする事業を模索しているような企業、１つの事業を行ってきましたが、市場の状況から事業転換を迫られ新しい事業にも挑戦をしなければいけない企業などが、どのような製品・サービスで新規開拓営業を行うのか迷うことがあります。

ではあらためて「思い入れのある製品・サービス」とはどのようなものなのでしょうか？　１つの基準としては、その製品・サービスで獲得した新しいお客様に対して、新規受注後もずっと関わってサービス提供を続けていくことをイメージしているかということです。

新規開拓営業を検討する際に、今まで本業としていなかった製品・サービスでの実施を検討していると、受注を獲得するまでは想像しているのですが、その後もずっとサービス提供を続けていくことが想定できていない（あるいはそのような関係そのものを築きたくないと考えている）ことがあり、「手離れがよい製品・サービス」で受注を獲得したいというような言葉にこのような考え方が反映されることも多くあります。

特にＢ to Ｂのサービスの場合、１度受注したらその後もずっと製品・サービス提供に対して責任を持たなければいけないことが多く、そのような状況になってもしっかりとお客様のフォローをしていくことができるかどうかということが、「思い入れのある製品・サービス」なのかどうかにおいて重要な判定基準となります。

本業としている製品・サービスであれば、このような想像を淀みなく行うことができるのですが、このような想像をしたときにどこかに引っかかるようなことがあるのであれば、その製品・サービスで新規開拓営業を行ったとしても、成果が出るまであきらめずに粘り強く継続をしていくことが難しくなるかもしれません。

市場競争力があるかどうかなどわからない

どの製品・サービスで新規開拓営業を行うかにおいて、市場競争力がある製品・サービスで実施したいと思うことがあります。実施をするのであれば望む成果が出てほしいと考えますので、それはそれで自然な考え方とも言えます。

しかし製品・サービスの選択をするときに、どの製品・サービスが最も競争力があるのかどうかについて、はっきり言ってわからないことが多いです。

その理由としては、よほど大手企業で十分な費用をかけて市場調査をしなければ、市場全体におけるその製品・サービスの正確な市場性や競争力を判定することは難しく、ある特定の企業対企業の受注する・受注しないということにはマクロ的な視点よりはミクロ的な個別要素が働くことも多く、全体的な市場は縮小しているのかもしれませんが、部分的には受注が好調な企業はいくらでも存在します。

このようなことを考えても、その製品・サービスの市場競争力というようなことをいくら考えても有効な結論を出すことはできないことが多くなります。

同業他社が提供しているものや類似するものも含めてその製品・サービスを多くの企業が利用し、自社でもその製品・サービスを提供して収益を得ているのであれば、全体的にそのニーズが多いのか少ないのか、増えるのか減るのかは正確にはわかりませんが、何かしらの市場のニーズがそこに存在していることは間違いありません。

そのような状態にあるのであれば、必要以上に市場性や競争力を気にすることなく、新規開拓営業を行う製品・サービスとして選定することをおすすめします。

必ず聞かれる「競合他社と比べた御社の強み・特徴は何か?」

営業代行サービスを活用する場合、利用企業側の製品・サービスの内容を聞いたり新規開拓営業の方針や考え方などを聞いたりするヒアリングの場が設けられます。そこで提供企業から利用企業に必ず聞かれるのが「競合他社と比べた強み・特徴は何か?」という質問です。

多くの利用企業にとって「競合他社と比べた強み・特徴は何か？」ということが最も困る質問です。この質問に明確かつ正確に答えられる利用企業は少なく、明確に強みや特徴が何かわかっていない、あるいは実際のところ競合他社に比べてこれといった強みや特徴はないと考えている利用企業も少なくありません。

前述の市場競争力について触れた内容にも近いですが、競合他社に比べた強みや特徴というものを正確にわかっている企業は、中小企業に限らず中堅・大手企業も含めて決して多くありません。そもそも競合他社というものが具体的にどの企業なのかわからない、あるいは同業他社がありすぎてどの企業を競合他社と呼んでよいのかわからないということも数多くあります。

提供企業側もそのような状況があることは理解して質問しています。この質問をより正確に記載すると「競合他社と比べて強み・特徴だと〝思う〟ところは何があるか？」「商談相手から競合他社に比べて何が強みなのかと聞かれたときに、いつもどのように答えているか？」ということになります。

競合他社（だと思う企業）に比べて強みや特徴だと思っていることを答えればよいのです。それが正確かどうかはわかりませんが、提供企業としても明確にその正確性を否定する必要も方法もありません。

提供企業側の私たちから見ると、実際には強み・特徴がない企業や製品・サービスというものは1つもありません。なぜなら、現在その事業で既存のお客様に対して製品・サービス提供をしているのであれば、そのお客様は何かしらの強みや特徴、よさを感じているからこそ発注をしています。

それが例えお互いの社長同士が古くからの友人で、その信頼関係や付き合いで発注されているのだとしても、長きに渡り友人として信頼関係を壊すことなく付き合っていることが強みや特徴であると言えます。いかに友人とはいえ、信頼関係を壊すようなサービス提供をするのであれば発注をしなくなることも十分に考えられます。

このことからも、現在何かしらの製品・サービス提供をして既存のお客様があるのであれば、そこには必ず何かの強みや特徴があることになります。提供企業から強み・特徴は何かと聞かれ答えに困ったら、既存のお客様との関係性を思い浮かべてそこから強み・特徴だと思うことを答えていただければと思います。

新規受注になった理由にヒントがある

もう1つ強みや特徴を認識できるヒントになるのは、新規受注になった企業の発注理由です。取引関係が長くなるとお互いの人間関係が深まっていきますので、長い間の付き合いだから、担当者が熱心だから、今まで発注を重ねてきていてお互いによくわかっているからというような感じで、前述のようにこれらも十分強みになり得るのですが、人間関係による要素が濃くなってくるため強みや特徴が見えづらくなってはいきます。

どのような企業でも企業活動をしていると、新しい取引というものが何かしら発生するものです。

新しい取引が発生するときは取引関係で醸成されている人間関係というものがありませんので、それ以外の理由で新規の発注がなされることになります。

現在の経済環境において、ある企業が提供できる製品・サービスを他の企業が同様の製品・サービスを提供することができないということはほぼありません。発注する側は依頼する企業以外にも他の選択肢を持つことは可能で、同様の製品・サービスが提供できる複数の選択肢の中から選ぶことができます。例えば、取引先や金融機関から紹介されるなどで、一択で発注する企業を選んでいるように見える場面もありますが、もし紹介された企業と打ち合わせをしたときに期待していた内容でない場合、他の選択肢を探す権利や手段があることは容易に想像できます。

そのため、新規で発注を受けるというときには、人間関係以外で他社に秀でた何かの強みや特徴が必ずあるのです。新規の取引先がなぜ発注をしようと思ったのか、それを想像したりあるいは直接新規のお客様に聞いたりすることで、自社の強みや特徴を把握することができます。

そこで把握できる強みや特徴は、自社でもともと認識をしていたものかもしれませんし、全く認識をしていなかったものかもしれません。いずれにしてもその強みや特徴が、他社が評価する自社の強みや特徴の1つなのです。

企業でも個人でも、人の強みや特徴はよく見えるが、自分のことになるとよくわからなくなるものです。営業代行サービスを活用することをきっかけに、自社の強みや特徴を既存あるいは新規のお客様に聞いてみてもよいのではないかと思います。

3　準備①／ターゲット選定は「業種・エリア・人数規模」を設定する

業種・エリア・人数規模は利用企業側の独自の表現でよい

新規開拓営業を実施する前に準備をすることの１番目は「ターゲット選定」です。ここからは、中小企業でも中堅・大手企業でも共通して発生する内容になります。ターゲット選定とは、自社の製品・サービスを誰に買ってほしいのか、誰にアプローチをしていくのかを決めるということになります。

私たちが推奨するB to Bのターゲット選定の方法は、「業種・エリア・人数規模」の３つを決めることです。非常に簡易的だと感じられると思いますが、この３つを決めることができれば実務的にはターゲット選定ができていることになります。

業種は文字通りアプローチをする業種・業界です。エリアも文字通りそのままで、アプローチをする相手企業の所在地を表すものになりますが、都道府県単位、市区町村単位、地域名（首都圏、多摩地方、○○県南部　等）など、様々な表現が活用されます。

人数規模というのは、アプローチをする企業の規模を表す指標になります。企業規模を表す指標は他にも売上高、資本金などの他に、病院などでは床数（ベッド数）、工務店などでは棟数（新規建築している件数）など、その業種特有の表現方法がある場合もあります。

ターゲット選定の際にはどの基準を用いてもよいのですが、企業規模において気をつけなければいけないことは、業種やエリアに比べると正確性が若干劣るという点です。企業規模を表す指標は100％正確に入手することは難しいので、ある程度の不正確性は受け入れながら営業活動を行うことが大切です。

営業代行サービスを依頼する場合は、どの製品・サービスでアプローチをしていくのかということとともに、ターゲット選定をどうするのかということを提供企業から必ず聞かれることになります。そのときには、この業種・エリア・人数規模で答えていただければ、提供企業は時間をかけずに理解できます。

業種・エリア・人数規模を決めれば実務的にターゲット選定ができていると記載をしましたが、これをより具体的に表現をすると、この3つがわかるとターゲットとなる企業リストが作成できるということになります。BtoBの新規開拓営業を行う場合は企業リストが必要になりますが、業種・エリア・人数規模がわかっていれば具体的な企業リストの作成が可能です。企業リストの作成ができれば、次項のアプローチ手段の構築に移っていくことができます。

また、業種・エリア・人数規模の表現方法については、利用企業独自の表現方法で構いません。利用企業独自の表現方法から、一般的な表現方法に変換することは営業代行サービス提供企業側の仕事になります。具体的表現・抽象的表現含めて利用企業独自の表現方法で、業種・エリア・人数規模について提供企業に伝えていただければと思います。

ターゲット選定はアバウトでも構わない

営業代行サービスを依頼するときに利用企業側の準備としてターゲット選定を行うこと、そしてそのターゲット選定の方法は業種・エリア・人数規模を選定することと述べました。しかし、新規開拓営業に慣れていない企業にとっては、このターゲット選定をあらかじめ想定しておくと言われてもどうしたらよいかわからない、利用企業側の基準で決めてよいと言われても、そもそもその基準がないというようなことも考えられます。

営業代行サービスを依頼する際に、ターゲットを明確に選定できなければアバウトな状態で提供企業に相談をしていただく形で構いません。また正確性も必要以上に気にすることはなく、提供企業側からの提案で正確性を増すことができることと、正確でなくても具体的に動き出して、修正しながら先に進んでいくことのほうが早く正解に辿り着けることも多くあります。

営業代行サービスを活用する場合は、アバウトであったり正確性に自信がなかったりしても、提供企業側の知見も活かしながら新規開拓営業を前に進めていただければと思います。

4　準備②／アプローチ手段の構築は複数手段を継続する

営業代行サービスの活用を目的化してはいけない

新規開拓営業を実施する前に準備をすることの２番目は「アプローチ手段の構築」です。この章では、営業代行サービスを依頼するときに準備をしておくこと、というテーマで述べていますが、重複の記載になりますが営業代行サービスの活用というのは、あくまでも新規顧客の獲得のための手段になります。

アプローチの営業代行サービスの場合、「電話営業」や「問い合わせフォーム送信」のように手段があらかじめ決まっています。商談まで行う営業代行サービスの場合は、提供企業自身がその手段を選定することになりますが、その場合でも何の手段で新規開拓営業を行うのかはあらかじめ決まった状態である場合が多くなります。

本来は自社で新規顧客の獲得のための営業活動について検討し、製品・サービスの選定からターゲット選定を行った段階で、電話営業や問い合わせフォーム送信の活用が有効であるということになったときに初めて、アプローチの営業代行サービスを活用するかどうかという検討に入ることが正当な流れになります。

実際の現場レベルの検討では、このように明確な順序を意識して検討されることはほとんどなく、製品・サービス選定、ターゲット選定、アプローチ手段の構築、営業代行サービスの活用可否は同時に検討されます。電話営業や問い合わせフォーム送信が最適なのかどうか、他にも有効な手段があるのではないかという検討は十分になされず、営業代行サービスを依頼して売上を伸ばす、ということが先行してしまうこともあります。

あくまでも営業代行サービスの活用は手段であって目的ではありません。そのためにも新規開拓営業の全体像をあらためて見ていただき、営業代行サービスの活用はアプローチ手段の構築における1つの選択肢であることを念頭において導入検討をしていただくことで、営業代行サービスの活用を目的化してしまうことを防ぐことができます。

なぜ複数手段を継続しなければいけないのか？

では営業代行サービスを活用するかしないかは一旦横に置いていただき、ターゲットに対するアプローチ手段はどのように構築すればいいのでしょうか？

ＢtoＢにおけるターゲットに対する具体的なアプローチ手段は、図表12に代表的な手段を挙げていますが、電話・ＤＭ・各種アナログ広告・展示会・セミナー・各種ネット広告・問い合わせフォーム送信・メール・会合・交流会などがあげられます。

これらのアプローチ手段は、言われてみれば皆さまも認識をしている方法であると思います。私たちのような営業代行サービス提供企業が皆さまの知らないアプローチ手段を知っているわけではなく、普段から営業分野に関わっている私たちでも皆さまがよく認識されているアプローチ手段しか知りません。そのため、アプローチ手段の構築は誰もが知っている手段をいかに組み合わせて上手に使いこなすかということが大切になります。

アプローチ手段を上手に使いこなす最上位の考え方が2つあります。それは、ターゲットに対するアプローチ手段は複数行ったほうがよいということと、行うのであれば継続したほうがよいということです。

どのアプローチ手段にも一長一短があり、1つのアプローチ手段に頼ってしまうと長所と共にその短所も色濃く出てしまいます。それぞれの手段は異なった性質を持っているため、複数手段を活用することによってお互いの短所を補い合い、ターゲットから獲得できるリードの数を最大化することができます。

また、1度始めたアプローチを継続したほうがよい理由は、どのようなアプローチ手段を打ったとしても、ターゲットに対して1度行ったときのターゲット側の認知率はほぼすべての手段に共通して2割〜3割となるからです。

例えば、ターゲット全数に向けてダイレクトメールを打ったとしても、そのダイレクトメールを1度手に取って見た（認知をした）という企業が、全体の2割〜3割になります（その後実際に問い合わせがあるかどうか、ということについてはまた別の話です）。残りの7割〜8割の企業は、ダイレクトメールが送付されたことすら知らないということになります。

そのため、1度何かしらのアプローチ手段を行ったとしても、そのことそのものを認知した人が2割〜3割となるので1度のアプローチではそのよし悪しを判定することができず、またターゲットに対して売り手側の認知を広めていくためにも、継続したアプローチが必要になります。

前述と重複をしますが、営業代行サービスの活用は電話営業であっても問い合わせフォーム送信であってもアプローチ手段の1つになります。複数手段を打つ必要があるという観点からは、電話営業を行う営業代行サービスを活用しただけでは不十分であるということになり、他の手段も実施をしたほうがよいことになります。

また、営業代行サービスを活用して短期的に成果が出なかったとしても、その時点ではそのよし悪しが判断できる状態にないことも多くありますので、活用するのであれば継続して粘り強く活用する必要があります。これは第３章の失敗事例②で触れたように、営業代行サービスの成果は中期的に見ることが必要であるという内容とも一致しています。

5　準備③／Ｗｅｂサイトは最新の情報に更新しておく

Ｗｅｂサイトの質が悪いと商談はマイナススタート

新規開拓営業を実施する前に準備をすることの３番目は「Ｗｅｂサイト制作」です。Ｗｅｂサイト制作は、アプローチ手段を何にするかによってどこまで力を入れていくのかが異なってきます。

まずは、営業代行サービスにおいて代表的なアプローチ手段である、電話営業を活用した場合のＷｅｂサイトとの関連性を考えてみたいと思います。アプローチは電話で行われるので、それまでの時点で自社のＷｅｂサイトをアプローチ先に見てもらう機会はありません。

電話営業においてＷｅｂサイトの必要性が出てくるのは、相手の担当者に電話が繋がってこちら側の製品・サービスの説明をしたときに、「御社のＷｃｂサイトをいま見ることができますか？」

と聞かれる可能性があります。「Google や Yahoo! で○○と検索してもらえれば出てきます」と案内して、その場でＷｅｂサイトを相手に見てもらい、そこからアポイント獲得に繋げていくということがケースとして考えられます。

次にアプローチ先がＷｅｂサイトを見る可能性があるのが、電話でアポイント日時の約束をいただいてからその当日を迎えるまでの間です。基本的に電話で伝えられている情報量は少ないので、当日商談を行う相手が事前情報を得るためにＷｅｂサイトを検索してきます。

もしここでＷｅｂサイトがなかったり、スムーズに見つからなかったりすると「これから商談を行う相手は、Ｗｅｂサイトもない会社なのか・・・」と思われ印象が悪くなり、新規商談がマイナスの地点からスタートをすることになります。

だからといってＷｅｂサイトをしっかりと費用をかけてつくっておけば新規商談をプフスからスタートできるのかというとそうとまでは言い切れず、会社名などで検索したときに検索エンジン上でスムーズに表示され、しっかりと最新の情報を更新しておいたとしても、それでようやくプラスマイナスゼロの状態で新規商談がスタートできることになります。

事前にチェックされたときにプラスのイメージまで持ってもらえるようなＷｅｂサイトを構築しようと思うとかなりの労力とコストが必要になりますが、事前のイメージをプラスマイナスゼロにするためのＷｅｂサイトの制作であれば、おおよそ50万円以下の費用で実現することは可能です。

アポイントが獲得できた相手が、これから商談するのはどのような企業で、どのような製品・サービスを取り扱っていて、サービス提供事例にはどのようなものがあるのかという基本的な疑問に答えておけるように、Ｗｅｂサイトの制作を行っておくことが必要です。

問い合わせフォーム送信の場合はＷｅｂサイトの質が成果に直結

アプローチ手段において問い合わせフォーム送信やインターネット広告を活用する場合は、Ｗｅｂサイトはさらに高い質が求められることになります。Ｗｅｂサイトを見て会社の概要や製品・サービスの内容をただ理解すればよいわけではなく、それを見た人が問い合わせをしたい、より詳しい話を聞いてみたいと思われるＷｅｂサイトを構築する必要があり、１ページものＬＰ（ランディングページ）と呼ばれるＷｅｂサイトでも、費用としては50万円～１００万円程度をかけて制作されることも一般的です。

電話営業でのアプローチの場合は、電話の中で会話が発生し興味がある相手からは質問もされることになります。

電話営業を行う担当者が知識や技術を身につけ、電話の中で相手が望む答えや期待値を高めることができるトークをすることによって新規商談に結び付けることができるのですが、問い合わせフォーム送信やインターネット広告の場合は、第４章の成功要因④で触れたようにＷｅｂサイト自身にその役割を課すことになるため、より精密につくり込んだＷｅｂサイトが必要になります。

また、その製品・サービスの力そのものが色濃く結果に反映されることとなり、他社との差別化が難しく競争力を発揮することが難しい製品・サービスの場合は、さらに時間をかけて入念にＷｅｂサイトを構築する必要があります。

問い合わせフォーム送信やインターネット広告を活用する場合は、電話営業に比べてＷｅｂサイトの高い質が求められますので、それを想定して予算設定やＷｅｂサイト構築のスケジュールを考えておく必要があります。

6 準備④／新規商談はＷｅｂ商談になることを想定する

新規商談の要素は「商談資料」と「商談トーク」

新規開拓営業を実施する前に準備をすることの4番目は「新規商談」です。ＢtoＢの新規開拓営業の場合、多くの場合アプローチを行うと商談の場が発生します。

現在はＢtoＢの領域でもＥコマースが発展してきてはいますが、ＢtoＢにおいてはヒアリングからの提案を必要とする製品・サービスや高額な製品・サービスも多いことから、人と人との商談が発生することは当面なくなることはないと考えられます。

そして、この新規商談の質は新規顧客の獲得を成功することにおいて、ターゲット選定、アプローチ手段の構築、Ｗｅｂサイト制作と並び重要な要素となります。

新規商談はさらに「商談資料」と「商談トーク」の2つの要素に分けることができます。自社の製品・サービスをビジュアル的にしっかりと相手にわかってもらえる商談資料を作成し、その商談資料を実際の商談時にどのような「商談トーク」で説明するのかを決めておく必要があります。

「商談資料」をどう作成するのか、「商談トーク」をどう構築するのかの基本的な考え方としては、商談資料はその資料を見れば誰かの説明がなくても製品・サービスのことがわかるようにしっかりと作成し、商談トークはその資料をすべて説明するのではなく要点を絞ってできるだけ短時間で説明できるようにするということになります。

商談資料をしっかりとつくる理由は、ＢtoＢの領域においては直接商談する相手と決裁者が別となることが多くなるためです。直接の商談相手は商談のときに言葉で説明することができるのですが、決裁者に対しては売り手側から直接の説明をする機会が設けられないことも多く、売り手側が作成した商談資料と売り手側の話を直接聞いた担当者からの話をもとに導入可否を判断することになります。

この場合、売り手側の話を直接聞いた担当者は当然売り手側と同じ内容で売り手側の製品・サービスについて説明することができず、さらにはこの担当者の主観も入ってきてしまうので、売り手側の製品・サービスの内容を決裁者に正しく伝えるためにも、商談資料を言葉で説明しなくてもわかるようにしっかりと作成しておく必要があります。

このような理由から商談資料はしっかりと作成するのですが、そうするとその商談資料はボリュームも比較的多くなることもあります（必要以上に多くすることはＮＧで、しっかりと作成するという中でもコンパクトにまとめる努力は必要になります）。

そのため、商談時には書いてある内容をすべて話すと説明時間が長くなってしまい、話を聞いている商談相手が集中力を保つことができません。しっかり作成されている商談資料をすべて説明することはせず、要点だけ抑えて短時間で説明する商談トークが求められます。

Ｗｅｂ商談に基準を合わせる

第2章で触れたように、新型コロナウイルスの蔓延がＢtoＢの営業環境に与えた最も大きな影響の1つが、ＢtoＢの商談においてZOOMやTeamsなどを活用したＷｅｂ商談（リモート商談）の割合が増えたことです。

正確な数字はわかりませんが、２０２１年現在の体感としてはＢtoＢの商談全体の50％程度がＷｅｂ商談で行われているのではないかと考えられますし、テレワーク比率が高い大都市圏にある中堅・大手企業、ＩＴ関連企業に限って見ると、80％〜90％がＷｅｂ商談に切り替わっているのではないかと思います。

Ｗｅｂ商談自体は、新型コロナウイルスが蔓延する前から存在していたものでした。しかし、その活用は一部の先鋭的な企業のみに留まっており、Ｗｅｂ商談を積極的に行う売り手企業は買い手側から「対面の商談に応じない（訪問をしてこない）という姿勢はいかがなものか？」というマイナス評価まで受けることもあるほどでした。

しかし、２０２１年現在では感染リスクがまったくないＷｅｂ商談を提示することが相手のことを思いやっている行動とされ、基本としてはＷｅｂ商談を行いどうしても必要な場合は対面での商談を行うということが常識とされつつあります。

そのため新規商談の準備をする場合は、Ｗｅｂ商談となることを想定して準備をする必要があります。Ｗｅｂ商談のほうが対面の商談に比べ、製品・サービスの訴求力を出すことや相手側から理解を得ることは難しくなります。そのため、Ｗｅｂ商談に基準を合わせて商談資料や商談トークを作成すれば、それはそのまま対面の商談でも活用できることになります。

従来は、対面の場に持ち込めば営業力やトーク力で何とかなると思っていた人がいたとしても、Ｗｅｂ商談の場ではそれが通用しなくなります。

Ｗｅｂ商談を基準にして準備を行うとそれが営業力やトーク力の社内平準化にも繋がりますので、対面の商談を得意としていた企業や担当者でもこれをよい機会と捉えていただき、Ｗｅｂ商談を想定した準備を行っていただければと思います。

7　準備⑤／見込み客フォローは中長期戦を想定する

なぜ見込み客フォローをしなければならないのか？

新規開拓営業を実施する前に準備をすることの5番目は「見込み客フォロー」です。「見込み客」

という言葉は様々な定義があると思いますが、本書では「1度以上商談を行い、まだ契約をしていない企業」と定義をしています。

前述の新規商談を行う目的は何でしょうか？　もちろん新規契約をいただくことが一番の目的となります。しかし、行った新規商談のすべてが契約になるのかというともちろんそうではありません。さらに、通常は新規商談から契約に結び付く商談のほうが少なく、新規契約ができた商談数に比べて5倍～10倍の未契約の商談が発生しても全く不思議ではありません。

これら商談をしても契約に至っていない企業を、ここではすべて「見込み客」と定義をします。営業代行サービスなどを活用して新規開拓営業に力を入れると、契約数の5倍～10倍のスピードで見込み客の数が増えていくことになります。そして、この見込み客は新規顧客の獲得において無視することができず、見込み客に対して何らかのフォローを行い後日再び商談の場についていただき、新規契約に結び付けていくという活動すなわち「見込み客フォロー」が必要になります。

新規開拓営業に力を入れている企業に現在の営業課題を聞くと、「見込み客フォローに課題がある」と答える企業が数多くあります。新規開拓営業に力を入れる多くの企業が、急速に見込み客が増加をしていくことを認識し、何かをしなければいけないということを課題として感じていることがわかります。

ここで根本的な質問になりますが、そもそもなぜ見込み客フォローを行う必要があるのでしょうか？　その質問に対するダイレクトな答えは、ターゲットとなる企業が有限だからです。もしターゲットとなる企業が無限に存在するのであれば、見込み客フォローは絶対に行わなければいけないという活動ではありません。

ターゲットとなる企業が無限であれば理論上は新規商談が無限に発生しますので、確率は低いかもしれませんが、すぐに契約となる企業も継続して発生します。そのため契約をしなかった企業を見込み客フォローしなくても、顧客数を増やしていくことができます。

しかし、現実としては数の多い少ないはありますがターゲットとなる企業は有限です（ＢtoＢの領域はターゲット数が数百から数千の場合が多いのでその有限性を認識しやすいのですが、ＢtoＣの領域においても有限であることに変わりはありません）。有限のターゲット企業にアプローチを行っていくと必ずどこかでアプローチが1周し、最初に戻って2周目のアプローチを行っていくことになります。一度商談をして契約にならなかった企業も、また再度アプローチをしたくなるときが必ずやってくることになります。

一度商談を行った人に何らかのフォローを行っていないと、再度アプローチを行ったときに以前に商談したことを忘れられてしまいます。これを見込み客の新規化と呼び、このような状態になってしまうと再び新規アプローチを行う必要が出てきてしまいます。

1度商談を行った人を定期的にフォローすることにより、商談をしたことを覚えておいていただくことができます。何か新しい情報を相手に伝えたいと思ったときに、以前に商談まで行った知り合いとして連絡をすることにより、次回の商談の獲得コストを大幅に下げることができます。

新規化してしまった見込み客はまさしく新規のアプローチ先と同じ扱いになるので、営業代行サービスを活用するのであれば新規商談が獲得できたら再度提供企業に費用を支払わなければいけなくなりますが、知り合いの企業として自ら電話やメールをして商談を獲得すれば、その費用はかからないことになります。

見込み客フォローはターゲット企業が有限であるために行う必要があります。そして、見込み客フォローを実施する効果としては、見込み客の新規化を防ぎ2回目以降の商談獲得コストを大幅に下げることができます。

長期見込み客のフォローは年単位の実施を想定

ターゲット企業が有限であるため見込み客フォローを行わなければいけないことはわかりましたが、では商談をして契約にならなかった企業をすべて同じ重みでフォローをしなければいけないのかというとそうではありません。

見込み客は次の3つに分類されます。1つ目は短期見込み客、2つ目は長期見込み客、3つ目は対象外企業です。3つ目の対象外企業とは何かというと、商談を行ってみたらターゲット外の企業、すなわちターゲットとして定めていた業種・エリア・人数規模の外にあることがわかった企業です。

業種転換をしていてターゲットとしていた業種の仕事をもう行っていなかった、本社を移転していた、もしくはアプローチをした拠点は実は本社ではなく支店・支社・営業所だった、登録されていた人数規模から現在の人数規模が大きく異なっていた、などがケースとして考えられます。
また、今後Ｍ＆Ａで他社と合併予定の企業や、廃業予定の企業もこれに該当します。ターゲットと思っていた企業がそうではないことがわかりましたので、この企業は今後の営業活動から除外してよいことになります。

ここで注意が必要なのは、「製品・サービスにニーズがないから」として対象外と判断してしまうことはNGです。業種・エリア・人数規模が該当しているのであれば、長期見込み客として認定をしなければいけません。今ニーズがないからといって今後ニーズが生まれないという確証はどこにもなく、この企業も貴重な有限のターゲット企業の１つとなります。
対象外企業は今後特に何もしなくてよいのですが、具体的な行動を起こす必要があるのが１つ目の短期見込み客と２つ目の長期見込み客になります。短期見込み客と長期見込み客の違いは、相手と次の約束が決まっているかどうかです。

１週間後までに見積書を提出することになった、導入を検討していただくことになり２週間後にこちらから確認の電話をすることになった、次回は詳細の見積もりをするため現場調査をすることになった、というケースは次の約束が明確に決まっているため短期見込み客になります。短期見込み客のフォローをすることは難しくなく、相手と交わしている次の約束を忠実に守ればよいことになります。

相手が求めている費用感で見積書を提出する、要求しているクオリティーで提案する、約束している期限を守るなどでこちらからのアクションを起こしていくことにより、見込み客との会話やコミュニケーションは続いていきます。

それに対して長期見込み客は、次の約束が決まっていない見込み客となります。商談をしていつまでに検討していただくかを聞いたときに、「必要であればこちらから連絡します」などと言われてそのまま終わってしまう商談がこれにあたります。短期見込み客に比べて長期見込み客のほうが多く発生し、このような相手に対して多くの企業がどのような行動を取ってよいのかわからない状態となります。

自社の抱える営業課題を聞くと、見込み客フォローが課題と答える企業が多いのですが、これをより正確に表現すると「長期見込み客のフォローが課題」ということになります。短期見込み客のフォローは課題と感じることはほとんどないのですが、長期見込み客は相手との約束がないためいつどのような行動を起こしたらよいかわからず、しかしそのまま放っておくと見込み客が新規化してしまい、商談をしていただいたことすら忘れられてしまいます。

もしかしたらその後に相手企業の中でニーズの変化があるかもしれませんが、相手が商談をしたことを忘れてしまっているのですから、その変化があったことをこちらに教えてくれることもありません。

このような状態になることを防ぐため、長期見込み客のフォローの考え方は「一方的にこちらから常に新しい情報を発信すること」となります。具体的な手段としては、図表12にもあるように、電話（短期見込み客に対する電話ではなく、長期見込み客に対する情報発信のための電話）・フォローレター・メールマガジン・見込み客に向けたセミナー・ＳＮＳなどが考えられます。

一方的に情報を配信してよいのだろうかと思われる方もいらっしゃるかもしれませんが、一度は製品・サービスに何らかの興味・関心を示して商談にまで応じている企業や担当者なので大きな心配をする必要はありませんが、念のために新規商談の最後に今後の情報提供の許可を得ておくこともよいでしょう。

情報発信の頻度はその手段によって異なりますが、内容には常に新しい情報を載せながら配信をしていくことが必要です。定期的な情報配信があると言っても、毎回同じような内容であれば受け取る側も飽きてしまい、その情報配信に気を留めなくなり結果として商談したことを忘れてしまい見込み客の新規化に繋がってしまいます。

また、長期見込み客のフォローは、長期見込み客の性質を考えても年単位の取り組みになります。１度はしっかりと商談をした上で長期見込み客になっていますので、短期的にそのニーズが変わることは考えづらく、そのニーズが変わる可能性のあるのは早くて半年、通常は年単位になります。そのため、長期見込み客のフォローは息の長い取り組みになりますので、情報発信の新鮮さを保つためにも無理なく継続できる頻度を選択すればよいことになります。

長期見込み客のフォローの目的は最終的には新規契約をいただくことではあるのですが、目の前の目的としては見込み客の新規化を防ぐことです。そこに力点を置くことにより実施のハードルを下げることができ、中長期目線で無理なくある意味楽しみながら情報配信を続けていってもらえればと思います。

8　準備⑥／成果予測は現実的＋αで設定する

新規顧客の獲得は困難と障害の連続

営業代行サービスを活用するかしないかに関わらず、新規顧客の獲得に積極的に取り組む場合は、そこに対して目標設定や成果予測をすることになります。受注金額や受注件数のような結果目標の設定から、新規商談数や見積もり本数などの行動目標を設定するかもしれません。

新規顧客の獲得に対して挑戦的な目標設定をすること、あるいはしたくなることがあります。特に成長意欲の高い経営者であったりそのような組織に属していたりすると、倍で増えていくようなチャレンジングな目標設定を求められたりすることもあります。新規顧客の獲得はポジティブな仕事ですので、前向きな気持ちになっていくこともとてもよくわかります。

しかし、市場の中でよほどの競争力がある製品・サービスでない限り、新規顧客の獲得は困難と障害の連続で、思うように新規顧客の獲得が進んでいかないことが現実です。仮に競争力のある製品・サービスであったとしても、さらに挑戦的な目標設定がされることも多いので、結果として思うように新規顧客の獲得が進んでいない、という評価となることもよくあります。

新規契約は売り手側が勝手にできることではなく相手があることです。こちらがいくら契約をしたくても相手がいなければ成り立たず、相手の企業もそれぞれの固有の事情を抱えています。

また、よいサービスであればあるほど、競合他社がすぐに生まれてくる可能性が高くなります。類似するサービスが生まれてくればその市場優位性を保つことは日に日に難しくなり、新規顧客の獲得が鈍化することは容易に想像ができます。

私たちは、新規開拓営業の目標設定を、「現実的＋α」に設定することをおすすめしています。これは積極的な姿勢で新規開拓営業をしてはいけないということではなく、積極的であるからこそ、安易な成果予測や希望的観測に十分に気を付けなければいけないということです。

この施策で不足はないか、抜け漏れはないか、このような結果が出て欲しいが現実的に出ないこともあり得るからそのときはどう補填をしていくのか、などということを計画段階で厳しい目で見るからこそ、最終的には実現可能性の高い新規開拓営業の計画を立てることができるようになります。そして＋αの部分は、そうは言ってもあまりにも現実的・保守的になってしまうと、せっかく新規開拓営業に取り組むにも関わらずおもしろみや楽しみがなくなってしまいます。それはそれで決してよいこととは言えませんので、積極的な要素と保守的な要素を組み合わせて、現実的＋αと表現をしています。

営業代行サービスを活用することを計画に盛り込む場合は、さらにその目標設定や計画立案をしっかりと見る必要があります。ターゲット選定からアプローチ手段の構築という、新規開拓営業の前半の重要部分を他社にアウトソーシングするわけですから、そのパフォーマンスが大きく目標達成に影響します。

営業代行サービス提供企業は突き詰めて言えば他人ですので、利用企業が掲げる目標達成に責任を持っているわけではありません。

そのようなことを理解した上で内製するよりもアウトソーシングをするメリットのほうが大きいと判断して活用をすることになるのですが、様々な要因で想定通りのパフォーマンスをしないことも考えられます。

もちろん現実的・保守的を通り越して悲観的になってしまうと、営業活動の重要な部分を外部の会社に委託するということそのものの行動が取れなくなってしまいますので、どこかで折り合いをつけて営業代行サービス提供企業に依頼をすることになるのですが、現実的＋αの範囲で成果予測を行うことにより、想定外のことが起きたときに計画の大きな軌道修正となることを回避することができます。

新規顧客の獲得以外の施策にも力を入れる

成果予測を現実的＋αの考え方で設定していくと、最終的に求める全体の売上目標や利益目標の達成に対して、新規顧客から得られる売上や利益の割合が低くなることになります。

私たちは、それが現実でありそれでよいと思っています。特殊な条件や状況にある企業を除いて、新規顧客から得られる売上や利益の割合は全体の10％から多くても20％までであることが通常です。新規顧客の獲得に対してチャレンジングな目標設定をするとこの割合が増えていくことになるのですが、新規顧客からの売上や利益が全体の20％を越えることは簡単には起こりません。

売上や利益をあげていくというより全体的なことに対しては、新規開拓営業に力を入れて取り組むことすらも手段の１つです。既存のお客様にご満足をいただき従来よりも多く発注をいただくことや、製品・サービスの提供体制を見直してコスト削減をするということも考えられます。

同じ利益を出すのであれば仕入先との取引条件を見直して原価を下げるほうが早くに成果が出るかもしれませんし、場合によっては新しい製品・サービスの開発に力を注ぐことが必要となっているかもしれません。

新規開拓営業からの成果予測を現実的＋αに設定することによって、このような他の売上や利益を生み出す領域にあらためて目を向けることができるようにもなります。新規顧客開拓営業の成果予測を現実よりも高く設定してしまうと、このようなことを考える力が弱くなってしまう原因にもなりかねません。

重複になりますが、新規開拓営業に力を入れることは手段であり、もちろんその中に存在する営業代行サービスの活用も手段の１つです。そのことをしっかりと頭に置いていただき、現実的＋αの範囲で全体を見ながら十分に考えていただくことが、結果としては新規開拓営業の成功や営業代行サービス活用の成功に繋がっていきます。

9　最後に必要な「熱意」

熱意を持って「仕事をやらせてください！」と言う人に発注される

第6章ではここまで、新規開拓営業の全体像を使って新規開拓営業を実施する前に準備をすることについて述べてきました。ここまでの内容についてすべてというわけではなくても、1つでもピンと来たものがあればぜひ新規開拓営業についての目標設定や計画立案に活かしていただければと思います。

そしてここまでの内容にプラスして、最後に新規顧客の獲得に対して必要なものをお伝えできればと思います。それは新規顧客の獲得を何としても成し遂げるという「熱意」です。

本書の最終盤になってそのような当たり前のことを言ってくるのかと思われたかもしれませんが、まさしくその通りなのです。正しい考え方や技術はもちろん必要です。しかし、そこに熱意がこもっていなければ成果を上げることは難しくなります。

では熱意さえあればよいのかと思われるかもしれませんが、実は熱意だけあれば何とかなることもあります。業務経験が全くない新入社員や、他の業種から転換して何もわからない新規参入企業が、ある意味熱意だけで仕事を受注していくこともあります。そして実際にそのような経験をしている人も数多くいます。

しかし熱意だけあっても正しい考え方や技術がないと、どこかでは成功するかもしれませんが、多くの失敗もすることになります。さらに、以前に誰かがした失敗と同じ失敗を繰り返すことも多く、先人の経験や知恵を有効に活かすことができていないためとても非効率になります。誰かが失敗したことを知ってそれをあらかじめ回避できるのであれば、誰にとってもプラスです。

本書でも取り上げましたが、営業代行サービスの活用はこれまで多くの企業が成功し、また多くの企業が失敗をしています。特に失敗事例は学べることが多く、初めて営業代行サービスを活用する企業であっても、代表的な失敗は未然に防ぐことができます。

熱意だけでは非効率だということがわかると正しい考え方や技術を学ぶようになります。多くの知識が身に付き、何事も上手に活用できたり運用できたりするようになります。そうすると多くの方が気づかないうちに当初持っていた熱意が薄れていき、技術やテクニックの要素を大きく持って活動するようになります。

正しい考え方や技術は必要ですがそれだけで受注になるとは限りません。商談相手の企業は、技術や経験は優れているが熱意が薄く理屈っぽい営業担当者と、入社間もなく少し頼りないかもしれないが熱意を持って一生懸命仕事をしようとしている営業担当者と、どちらに発注したいと思うでしょうか？　答えはその時々によって違うとは思いますが、一概にどちらに発注するかは簡単には決められず、五分五分であっても不思議ではありません。

私たち株式会社アイランド・ブレインは、アプローチの営業代行サービスを通じて過去７０００

件を越える新規商談をお客様に提供し、その後受注になっているケースも数多く見てきました。それらの受注をしている案件を調査しても「市場競争力」「サービスの質」「価格」などとの相関性はあまり見られません。客観的に見て他社と比べても決して優位であるとは思えない製品・サービス、あるいは同業他社と比べても決して安くはない製品・サービスの受注事例は数多くあります。

そこに唯一と言ってよい相関性がある指標が「熱意」なのです。新規顧客の獲得を成し遂げている営業担当者は、共通して熱意を持って一生懸命提案をしています。前述のように経営者が新規商談に出向くとそのバックボーンによらず受注率が最も高くなるのですが、知識や経験も豊富ですが何と言っても熱意が一番ですので、新規受注に結び付く可能性が高くなると考えられます。

ＢtoＢの領域はＷｅｂ商談を含めて対面の商談が発生しますので、この熱意の要素が重要になります。買い手側は熱意を持って一生懸命仕事をしてくれそうな人に発注します。製品・サービスの競争力や価格は2割～3割などの世界であれば、この熱意の要素で簡単にひっくり返ります。熱意の炎をしっかり燃やし続けることによって、正しい考え方や技術は初めて力を発揮するのです。

利用企業の熱意は提供企業も巻き込むことになる

この熱意は、営業代行サービスを活用する際にも重要な要素になります。第4章の成功事例でも紹介をした通り、熱意を持って一生懸命頑張る利用企業の姿勢は、提供企業も巻き込むことになります。

営業代行サービスの利用企業と提供企業は業務委託契約による取引関係となり、そこにはお金のやり取りが発生します。そのためもちろん利用企業の意向に従って提供企業は業務を行い、利用企業が求める成果やプロセスをアウトプットしなければいけません。

もちろん契約上はこのようになりますが、営業代行サービスは人による要素が大きいため、実際にはこの業務の遂行に感情の要素が入ってきます。同じ業務を行っていても積極的に前向きに行うのか、消極的に後ろ向きに行うのかでは、そのスピードや成果に大きな差が生まれます。製品を製造するための機械は材料をセットしてボタンを押せば予想される範囲のアウトプットがされてきます。今日は気分がよいから倍のスピードで製品がつくられるということもなく、今日は気分が乗らないから求められる数の半分しかつくらない、ということもありません。

しかし、人はこれがその日の感情の持ち方によってはいとも簡単に発生します。「このお客様の案件は頑張ろう！」と思って取り組むと、考えられないようなよい成果が出ることもありますし、「このお客様の案件に取り組むのは嫌だな・・・」と思いながら取り組むと成果があがらないばかりでなく、マイナス要素を生むようなネガティブなアウトプットが出てしまうこともあります。

熱意を持って取り組む利用企業の姿勢は、提供企業も巻き込むことになります。このように一生懸命取り組んでいるお客様なのだから何としても成果を出さなければいけない、うまくいっていない部分をどうしたらもっとよくすることができるだろうか、お客様から直接は要望されていないが新しくこのようなことも行ったほうがいいのではないか、お客様側で日々行われている営業活動の

〔図表14　新規開拓営業の全体像活用シート〕

製品・サービス選定	目標設定・成果予測

準備領域	現状認識	今後実施する施策
ターゲット選定		
アプローチ手段の構築		
Webサイト制作		
新規商談		
見込み客フォロー		

中で営業代行サービスの改善に役立つ要素が新たに生まれていないだろうか、類似する案件で成果が出ている事例がありそれをお客様に提案してみてはどうか、など熱意を持って一生懸命取り組んでいる利用企業の姿勢は、このような提供企業側の積極的な姿勢を生むことに繋がり、結果として新規開拓営業が成功に導かれる可能性が高くなります。

　正しい考え方や技術を身につけ、そして熱意を持って取り組む姿勢は商談相手と共にその活動に一緒に取り組む営業代行サービス提供企業にもよい影響を及ぼします。新規開拓営業は決して簡単ではなく様々な困難と障害が発生します。どのような状況にあっても熱意を持ち続け、新規顧客の獲得を実現していただければと思います。

10　新規開拓営業の全体像活用シート

新規開拓営業の全体像活用シート

図表14は、新規開拓営業の準備をするために作成したシー

トとなります。第６章でも触れてきましたが、営業代行サービスの活用は新規開拓営業の手段の１つであることから、新規開拓営業の準備をすることが営業代行サービス活用の準備をすることにも繋がっていきます。

図表14の左上の欄には新規開拓営業を行うために選定していただいた製品・サービスの内容（準備⓪）を、右上の欄には新規開拓営業からあるいは営業代行サービス活用からの目標設定あるいは成果予測（準備⑥）についての記入欄を設けています。

下の欄には、ターゲット選定（準備①）から見込み客フォロー（準備⑤）までの５つの準備領域について、現状どのような取り組みを行っているかについてと、今後実施する施策を記載することができる構成になっています。

実務における最重要検討項目は「アプローチ手段の構築」

新規開拓営業の７つの準備領域はどの項目もとても大切なのですが、どの企業にとっても実務における最重要検討項目は何と言っても「アプローチ手段の構築」です。

今まであまり新規開拓営業の経験がない企業がこの検討を開始すると、まず間違いなく行き詰まるのがこのアプローチ手段の構築の領域であり、新規開拓営業の経験が豊富な企業の場合でも、７つの領域のうち最も大きな課題が残りやすくなるのがこのアプロー手段の構築です。

この領域に対して有効な施策を打つことができれば、他の領域はそれに伴って自然と改善されていくといっても過言ではないくらい重要な項目になります。営業代行サービスの活用についてもまさしくこの領域の検討項目になります。アプローチ手段の構築の原理原則をよく認識をしていただき、営業代行サービスの活用も含めて有意義な意思決定をしていただければと思います。

11　第6章まとめ

営業代行サービスの活用はあくまでも新規開拓営業の手段となるので、営業代行サービスを依頼する前に準備をすることは、自社で新規開拓営業の準備を行うことと一致します。新規開拓営業の準備（営業代行サービスを依頼する前の準備）は、次にあげる準備⓪〜準備⑥の7つの領域で表すことができます。

・準備⓪／思い入れのある製品・サービスで新規開拓営業を行う

企業によっては、どの製品・サービスで新規開拓営業を行っていくのか迷うことがあります。そのときは、新規顧客の獲得に成功した後も継続的に責任を持ってサービス提供を続けていくことがしっかりとイメージできるような、思い入れのある製品・サービスを選定して新規開拓営業を行うことが大切です。

・準備①／ターゲット選定は「業種・エリア・人数規模」を設定する

ターゲット選定として「業種・エリア・人数規模」を設定することをおすすめします。簡易的な方法と捉えられるかもしれませんが、実践的かつ十分にターゲット選定として成立している方法となります。具体的にはこの3つの項目の設定ができると、BtoBの新規開拓営業に必要な企業リストの作成を行うことができるようになります。

・準備②／アプローチ手段の構築は複数手段を継続する

アプローチ手段の構築は、7つの準備領域の中で最も難しい領域となりますが、大原則としては複数手段を継続して実施することにより、ターゲットからのリード獲得を最大化することができます。また、全く新しいアプローチ手段が頻繁に生まれることはなく、誰もが認知しているアプローチ手段をいかに上手に活用できるかが大きなポイントとなります。

・準備③／Webサイトは最新の情報に更新しておく

Webサイトの質は新規開拓営業の成果に大きく影響します。電話営業の活用においても、Webサイトの内容は最新の企業情報や製品・サービス情報を掲載しておくことが望ましく、特にインターネット広告や問い合わせフォーム送信などのアプローチ手段を活用する場合は、Webサイトの質が成果に直結してきます。

・準備④／新規商談はWeb商談になることを想定する

新規商談の領域もBtoBの新規開拓営業の中では最終的な成果を左右するとても重要な領域となります。2020年以降は新型コロナウイルスの影響を大きく受け、リモート商談の機会が増加したことにより、新規商談における資料作成や商談トーク構築においてWeb商談への対応が必須項目となっています。

・準備⑤／見込み客フォローは中長期戦を想定する

1度商談をしてもすぐに受注となる先は少なく、多くの商談先が見込み客となります。そして、その中でも次に何かのアクションをするという約束が決まっていない長期見込み客を無視することはできません。新しい情報発信を中長期間に渡って粘り強く続けて、見込み客が新規化してしまうことを防ぐ必要があります。

・準備⑥／成果予測は現実的＋αで設定する

新規開拓営業は簡単な仕事ではありませんが、本来はポジティブな仕事であり前向きに取り組みたいものでもあります。成果予測は現実的にする必要がありますが、それを越えてあまりにも消極的になってしまうと、せっかくの仕事もつまらないものになってしまいます。これらの点から成果予測は現実的＋αで設定することをおすすめします。

そして、新規開拓営業の成功において、営業代行サービス活用の成功において、最後に必要なものは「熱意」です。どのような正しい考え方も素晴らしい技術も、熱意がこもっていなければその力を十分に発揮することができません。

新規顧客の獲得を何としても成功させる、自社の素晴らしい製品・サービスを新たな企業に導入してもらい喜んでいただく、このような強い熱意を持った企業や担当者のもとに、新しい仕事は発注されることになります。

あとがき

多くの企業にとって新規顧客の獲得は必要不可欠なものです。しかし、企業活動にとって最も重要な仕事なのにも関わらず、なぜこれほどまでに多くの企業がその具体的な方法をわかっていないのでしょうか？

私たち株式会社アイランド・ブレインは営業代行サービス提供企業として様々な企業の新規開拓営業に関わる中で、この疑問にふと立ち止まることがあります。

そして、私たち株式会社アイランド・ブレイン自身ももちろん新規開拓営業に取り組むのですが、普段はお客様の新規開拓営業に取り組ませていただく仕事をしているという企業でありながら、どうしたら自分たちが望むような新規顧客の獲得ができるかについて、もちろんいまだに答えは見つかっていません。

過去に新規顧客の獲得に大きく成功した企業にどのようにして成功したのかと質問すると、その多くが「人の縁に恵まれた」「運がよかった」「タイミングがよかった」という答えが返ってきます。過去に新規顧客の獲得に成功している多くの企業が、その要因を「縁と運とタイミング」であると表現します。

実際には成功した要因がわかっていて、それを他人には教えたくないからこのような表現をするのではないかと思い、より突っ込んで質問してみても同様の答えしか返ってきません。新規顧客の獲得に成功した多くの企業が、どうやら本当にその要因を「縁と運とタイミング」であると思っているようです。

私たちは営業代行サービス提供企業としてこれまでに約15年に渡り新規開拓営業に携わってきていますが、多くの案件に取り組めば取り組むほど新規顧客の獲得に成功する要因は「縁と運とタイミング」であるというのは正しいのではないかと思うようになりました。

営業代行サービスの活用から新規顧客の獲得に成功した個別事例は数多く見てきていますし、営業代行サービス活用のプロジェクト全体として大きく成功した企業も何社も見てきていますが、なぜそれが起きたのかと聞かれた時に、「縁と運とタイミング」以外に説明ができないことも数多く経験してきました。

また、現在に至るまで古今東西、大小さまざまな企業の優秀かつ偉大な経営者や諸先輩方が新規顧客の獲得について悩み考えてきたはずですが、いまだに体系的かつ具体的な答えがないということが、新規顧客の獲得の成功要因は「縁と運とタイミング」であるということの正しさを裏付ける1つの証明ではないかとも思います。

そしてその「縁と運とタイミング」を引き寄せるのは、そこに関わる人の志であり、理念であり、ビジョンであり、熱意であると思います。このような強いポジティブなエネルギーが望むものを引き寄せることは、多くの成功者や研究者が教えるところでもあります。

本書で記載をしてきました「営業代行サービス」は、その大きなエネルギーの流れである「縁と運とタイミング」の中にある1つの手段にすぎません。営業代行サービスそのものはとても小さく、お客様の持つポジティブなエネルギーをほんのごく僅かだけ加速させることができる程度ではないかと思います。

しかし、私たち営業代行サービス提供企業は、ほんの少しだけかもしれませんがお客様の新規顧客の獲得に貢献することを目的として存在しています。幸せなことに市場の中では皆さまに営業代行サービスについての共通認識を持っていただき、多くの方に活用していただいています。

そして私たちは与えられているその使命に対して、今日も一生懸命全力で取り組んでいきます。本書が、皆さまの営業代行サービス活用やその提供企業の選定に少しでも役に立つことができたら何よりの喜びです。

最後になりましたが、私たち株式会社アイランド・ブレインにいつも仕事を発注していただき、様々な気づきと学びを与えていただく当社のお客様にあらためて感謝を申し上げます。そして、日々お客様の役に立つために努力を積み重ね、共に仕事をしている当社のメンバーの皆さま、当社と共にお客様へのサービス提供に携わっていただいている取引先の皆さま、ならびに今回の機会をいただき、豊富な業界経験からのご指導や多くの激励をいただいた株式会社セルバ出版様とその関係者の皆さまにあらためて感謝を申し上げ、本書の締めくくりと致します。

２０２１年８月

鈴木　徹

著者略歴

鈴木　徹（すずき　とおる）

株式会社アイランド・ブレイン 代表取締役社長。
2004 年横浜国立大学大学院卒。2005 年株式会社アイランド・ブレインに入社し同年に取締役に就任。2017 年に代表取締役社長に就任。営業代行サービスの提供実績は 1000 社以上。東京商工会議所、大阪商工会議所等でのセミナー実績も多数。

人なし金なし時間なしに活路！
中小企業の営業代行サービス活用術

2021年 9 月17日　初版発行

著　者　鈴木　徹　© Tooru Suzuki
発行人　森　　忠順
発行所　株式会社 セルバ出版
〒 113-0034
東京都文京区湯島 1 丁目 12 番 6 号 高関ビル 5 B
☎ 03（5812）1178　　FAX 03（5812）1188
https://seluba.co.jp/
発　売　株式会社 三省堂書店／創英社
〒 101-0051
東京都千代田区神田神保町 1 丁目 1 番地
☎ 03（3291）2295　　FAX 03（3292）7687

印刷・製本　株式会社 丸井工文社

Printed in JAPAN
ISBN978-4-86367-693-0